Beginner´s ALBANIAN

with Online Audio

Beginner´s ALBANIAN

with Online Audio

Anila Mayhew

HIPPOCRENE BOOKS, INC.
New York

Audio files available at www.hippocrenebooks.com

Online Audio edition, 2017

For information, address:
HIPPOCRENE BOOKS, INC.
171 Madison Avenue
New York, NY 10016
www.hippocrenebooks.com

Previous edition ISBN: 978-0-7818-1280-1

Library of Congress Cataloging-in-Publication Data

Names: Mayhew, Anila author.
Title: Beginner's Albanian : with online audio / Anila Mayhew.
Description: New York : Hippocrene Books, Inc., 2017. | Previously published under title: Beginner's Albanian: with 2 audio CDs. | Includes online MP3 audio files for download featuring pronunciation by native speakers.
Identifiers: LCCN 2017030846| ISBN 9780781813655 (pbk.) | ISBN 0781813654 (pbk.)
Subjects: LCSH: Albanian language--Textbooks for foreign speakers--English. | Albanian language--Grammar--Problems, exercises, etc. | Albanian language--Conversation and phrase books--English. | Albanian language--Sound recordings for English speakers.
Classification: LCC PG9527.5.E5 M393 2017 | DDC 491/.99182421--dc23
LC record available at https://lccn.loc.gov/2017030846

CONTENTS

Audio files available for download at:
http://www.hippocrenebooks.com/beginners-online-audio.html

ACKNOWLEDGMENTS

I would like to express my special thanks to all the editors whose help has been tremendous at every stage of the writing of this book. Thank you to all of you: Mary Tahan, Monica Bentley, Eric Zuarino, Michael Carroll, and Colette Laroya. Your insight and suggestions have been most valuable to me. Special thanks go also to the Albanian editor Ardian Vehbiu for his invaluable contribution to this book. I would also like to thank all the speakers for their talent and hard work as well as the rest of the staff working behind the scenes at Hippocrene to make this book possible. Thank you, thank you. It has been a privilage to work with each and every one of you.

Last, but not least, I would like to thank my husband, Thomas W. Mayhew, for his patience and encouragement throughout this project. Special thanks also go to my mother, Sadete Mehmeti, for all her tireless help with the house and children. And finally, my three little ones who have encouraged me to press on with the book through their sweet little voices as they have tried to communicate with me in Albanian. It has confirmed my conviction that it is possible to learn Albanian in an English-speaking environment if you are motivated and determined.

THE ALBANIANS

History

Albanians call themselves **shqiptarë** (*the sons of the eagle*) and their country **Shqipëri** (*the land of the eagle*).

It is believed that Albanians are descended from the ancient **Illyrians** who lived in central Europe and migrated into the Albanian territory at the beginning of the Bronze Age, around 2000 BCE. After centuries of relative isolation due to the rugged terrain of their area, the Illyrians were conquered by the Romans in the 2nd century BCE. They were later conquered and ruled by the Byzantine Empire from the end of the 4th century. They suffered centuries of invasion by the Goths, the Huns, and the Slavs, among others, due in part to their location on the Adriatic Sea, an important access point for empires seeking to expand abroad.

After these invasions the Albanians were then conquered and absorbed into the Ottoman empire, which essentially cut off Albania from Western civilization for more than four centuries. For nearly twenty-five years, Albania's well-known national hero **George Scanderbeg** (**Gjergj Kastrioti Skënderbeu**) succeeded in regaining some territory and keeping the Turks at bay. A son of the noble Kastrioti family, he was taken hostage and forced to be a general for the Ottoman army. He deserted in 1443, and a year later formed the **League of Lezhë**, uniting the Albanian princes in their war efforts. In 1444, they had their first victory at the **Battle of Torvioll**, one of over twenty they would have under his leadership. After many tumultuous years and thousands of casualties, Scanderbeg called the remaining noblemen to Lezhë to discuss their new war strategy and to restructure what remained from the League of Lezhë. He fell ill and died on January 17, 1468, at the age of sixty-two. With Scanderbeg's death, the regions of Albania he had won fell under the rule of the Ottoman Empire again and remained so for close to four hundred years. It was during this time that, for several reasons, many Albanian Christians converted to Islam.

At the beginning of the twentieth century, a crucial time in the history of Albania, the Ottoman Empire started to crumble. When the first Balkan war broke out in 1912, Albania was declared independent on November 28, 1912, in the southern town of Vlora. A month later the Conference of Ambassadors was held in London. Even though the Conference acknowledged Albania as a new political entity, the demarcation of its boundaries (by the powers of Europe) assigned about half its territory and people to neighboring states. A major part of northern and western Albania went to Serbia and Montenegro and the southern region of Chameria was given to Greece.

Like the rest of Europe, Albania suffered through the turbulent times of the two World Wars. A short-lived monarchy lead by Prince William of Wied ruled from 1914-1925. The years before World War II saw the rise and fall of the democratic government of **Fan Noli (Theofan Stilian Noli)**, as well as the rise and fall of another Albanian monarchy under **King Zog (Ahmet Zogu)**. Ahmet Zogu served as the Minister of the Interior, and then President of Albania. He eventually had the Parliament declare him King Zog of Albania, although he created a constitutional monarchy to give himself legitimacy, swearing an oath before Parliament on a Bible and a Qur'an. Albania fared well under his rule, enjoying a wave of modernization. However, King Zog eventually fled Albania shortly before Italian troops invaded the country on Mussolini's orders in April 1939.

Albania was used as a base for continued military operations until Italy left the Axis Powers in September 1943. German forces immediately filled the void and occupied the country. The **Albanian Partisans** had fought against the Italians since 1942 and continued to fight the Germans. In 1944, weakened by losses to the Red Army, Germany began to withdraw from the Balkans. After the collapse of the Axis Powers, the largely communist Albanian Partisans crushed the nationalist minority and Albania became the **Socialist People's Republic of Albania**. **Enver Hoxha**, leader of the Communist Party of Albania which in 1948 changed its name to the Party of Labor of Albania, helmed the communist regime for 45 years. During that time the country slowly and gradually became completely isolated, as it severed its relations even with countries such as the USSR, China, and Yugoslavia, which were part of the communist bloc. The communist era brought about numerous changes in the lives of Albanians, including the persecution and imprisonment of all those who opposed the communist government, the denial of basic human rights (including freedom of religion), and massive indoctrination of young children in schools.

When the Berlin Wall fell in 1989 and a wave of change swept over Eastern Europe in the 1990s, Albania was the last country in Eastern Europe to emerge from communism with a relative lack of bloodshed. The years that followed saw Albania go through many changes and face many bumps in its road towards democracy; the country continues to struggle as it tries to better its political and socio-economic system.

Kosovo, the second largest region in which Albanians live, fought for many years to gain its independence from Serbia. On February 17, 2008, Kosovo declared its independence and is now on its way to becoming the newest European nation.

Throughout the years, Albanian emigration to western countries has risen and fallen in waves. As a result, today Albanians are scattered all over the world, and large Albanian communities can be found in Italy, Greece, the United Kingdom, and the United States (concentrated mostly in New York, Massachusetts, Michigan, New Jersey, Illinois, California, Ohio, and Pennsylvania).

Geography

Albania is located in Southeastern Europe, bordered by Montenegro and Kosovo in the north, Macedonia in the northeast, and Greece in the south. The Adriatic and Ionian seas separate it from Italy in the west. It has a surface area of 28,748 square km (11,100 square miles) and is mostly mountainous. The average height above sea level is 708m (2,323 feet) and its highest peak is **Mount Korabi** at 2,753m (9,032 feet) high.

Albania has a population of around 3,000,000, most of which is concentrated in the lowlands and coastal areas. The country has several rivers coming down from the high mountains and passing through steep gorges before reaching the sea. It has a coastline of 362km (225 miles). The Ionian coast in the south is rugged, with steep high mountains that go straight up along its length. Contrasting this, the Adriatic coast covering the middle and northern part of the country is low-lying and has large protected bays.

N
W
E
S
ALBANIA
SHKODËR
Shkodër
KUKËS
Kukës
LEZHË
Lezhë
Peshkopi
DIBËR
DURRËS
Durrës
Tirana
TIRANË
Elbasan
ELBASAN
FIER
Fier
Berat
BERAT
KORÇË
Korçë
Vlorë
VLORË
GJIROKASTËR
Gjirokastër
Sarandë

Albania's strategic location along the Strait of Otranto linking the Adriatic Sea to the Ionian Sea and the Mediterranean Sea has appealed to invading armies throughout the centuries.

Climate

While a small country, Albania enjoys climatic variety. The western lowlands have hot dry summers and mild rainy winters. The higher altitudes further inland have lower temperatures and snow during the winter. The coldest month is January with a temperature of 5°-10° Celsius (41°-50° Fahrenheit) in the lowlands and as low as -10°C (14°F) inland. The hottest month is July with a temperature as high as 40°C (104°F) inland. The coastal area is generally cooler due to the sea breezes. Some of the natural hazards that affect Albania include earthquakes, floods, and droughts.

Natural Resources

Albania has rich mineral resources due to its complex geological development. Some of the main natural resources include chromium, copper, coal, oil, natural gas, iron ore, nickel, salt, timber, and hydropower. Due to a lack of infrastructure, however, these resources are not being efficiently exploited and many older mines are now abandoned.

Economy

The currency used in Albania is called ***lek.*** It was introduced in 1926 by King Zog and was named for Alexander the Great, who appeared on the first 1 lek coin.

As a result of many decades under communist rule and years of transitioning into a free open-market economy, Albania continues to lag behind other countries in the region economically.

Agriculture, which counts for one quarter of the GDP (Gross Domestic Product), is still underdeveloped because of a lack of modern equipment, issues with property rights, and division of the land. Due to a poor national road and rail network and energy and water shortages, Albania has had a hard time attracting and sustaining foreign investments. Some of the agricultural products produced in the country include wheat, corn, potatoes, vegetables, fruits, sugar beets, grapes, meat, and dairy products. Food processing, textiles and clothing, lumber, oil, cement, chemicals, mining, basic metals, and hydropower also prevail in Albania. Yet, despite these setbacks, the GDP has increased each year at around 4 percent since 1998.

The expansion of the construction and service industries especially along the coast due to more tourist activity has helped the economy grow somewhat. A lot of Albanians who live abroad, mainly in Greece and Italy, have helped bolster the economy, as some of them have either returned and opened up businesses, or have helped family members by sending funds to start businesses.

Government

Albania is an emerging parliamentary democracy governed by a constitution that was passed in 1998. The executive branch consists of the President, the Prime Minister, and the Council of Ministers. The president of the country is elected by the parliament for a five-year term and is eligible for a second term. The president appoints the prime minister. The council is proposed by the prime minister, nominated by the president, and finally approved by the parliament. The legislative branch consists of the unicameral parliament of 140 deputies who serve four-year terms. The judicial branch is represented by multiple district and appeals courts, the High Court and the nine judges of the Constitutional Court, appointed by the president with the consent of the parliament, who serve nine-year terms.

Ethnic Groups

Most people who live in Albania are ethnically Albanian. The largest minority is the Greek-speaking community, concentrated in southwestern Albania. Other minorities include the Roma, Vlachs, Egyptians, and Slavs. The Vlachs are descendants of the ancient Latin population and are found all over the Balkans.

Religion

In 1967 the communist regime closed down all mosques and churches in Albania and prohibited all religious observances. This made Albania the only official atheist state in the world. It wasn't until the end of 1990 that religion was allowed again in Albania.

The majority of Albanians claiming to be Muslim actually have their beginnings in the Ottoman rule of Albania, during which many Albanians converted to Islam. The rest of the population claims to be Orthodox and Catholic, with a smaller number of Protestants. However, the majority of Albanians are not very observant of their religions, making Albania a vastly secular society despite common claims of religious affiliation.

Literature

Albanian literature emerged in the nineteenth century during the National Renaissance movement. During this time, the literary form that dominated was lyrical poetry, which continued into the twentieth century and was enriched with novels, plays, and short stories. **Ismail Kadare** is the most well-known Albanian novelist in the English-speaking world. His most recognized works in English are *Chronicle in Stone*, *Broken April,* and *The General of the Dead Army*. In 2005, Ismail Kadare received the inaugural Man Booker International Prize.

Music

There are three distinct trends in Albanian folk music. Long-necked stringed instruments called **çifteli** and **lahutë** accompany the music of northern Albania and of Albanians in Montenegro and Kosovo. The most characteristic instruments of the south are the **gajde** (a single drone bagpipe) and the clarinet. Songs from the south are mostly sung in a group with a soloist, as compared to the songs from the north which are usually sung solo. The music of central Albania was inherited partly from Turkish musical traditions during the Ottoman period. The musical instruments typical of this area are the accordion, the mandolin, and the tambourine.

Cuisine

Albanian cuisine is typically Mediterranean. Traditional ingredients include lamb, fish, beef, lots of vegetables, yogurt, feta cheese, eggs, and olive oil. Bread accompanies almost every meal. Some typical Albanian dishes are **byrek** (filo pastry stuffed with cheese, spinach, or onions), **fërgesë** (beef stew with cottage cheese and onions), **japrakë** (grape leaves stuffed with vegetables, rice, and sometimes meat), **tavë kosi** (lamb cooked with yogurt), **pastiço** (pie with noodles, cheese, milk, eggs, and sometimes meat), **qofte** (oblong meatballs), **speca të mbushur** (stuffed bell peppers), **shishqebap** (grilled meat on a skewer), **tarator** (yogurt, cucumber, and olive salad, similar to a watered-down *tzatziki*), **pulë e pjekur me oriz** (fried chicken with rice), **kadaif** (pastry soaked in sugar syrup), and **bakllava** (thin sheets of pastry with nuts and sugar syrup).

THE ALBANIAN LANGUAGE

Albanian is one of the oldest Indo-European languages, a large language family that includes hundreds of related languages and dialects, some dead and some alive. The living Indo-European languages are spoken by over three billion people around the world. These languages have their origins in an unwritten, more ancient language called "Indo-European" by scholars. Albanian is unusual in that it is not connected to any other language, comprising its own branch, whereas most modern languages are at least twice removed from their original branch.

Albanian is considered the only descendant of Illyrian. A possible explanation for the name Albania comes from the Albani, an Illyrian tribe recorded by Ptolemy, the geographer and astronomer. He drafted a map in 150 AD with "Albanopolis" near modern-day Durrës.

For several historical reasons, the Albanian written language was established later than most other languages. Albanian has been written using the Latin alphabet since the beginning of the fourteenth century. However, the majority of the written documents were lost, most likely due to religious frictions and the Ottoman invasion. As of 2011, the oldest-known text written in Albanian is found in a letter in Latin by Pal Engjëlli, a Catholic archbishop, written in 1462. It is a baptismal formula meant to be used by Catholic priests in the field: **Un'te paghesont' pr'emenit t'Atit e t'Birit e t'Spertit Senit**, "I baptize thee in the name of the Father and the Son and the Holy Spirit." The most ancient book in Albanian is ***Meshari*** (a book of prayers and devotions) written by Gjon Buzuku and published in 1555.

During the reign of the Ottoman Empire, the Turks did not allow Albanian to be taught, and there was no standard alphabet for the language. That Albanian was taught at all during that period was due largely to the work of religious communities. Initially, Albanians of different religions wrote Albanian in different alphabets. Muslims used the Arabic script; Orthodox Albanians in the south used the Greek alphabet; and the northern Catholics used the Roman alphabet.

In the nineteenth century, a strong movement was born that resulted in the creation of dictionaries and the translation of foreign works into Albanian. The deciding event in the history and development of present-day Albanian script was the **Alphabet Congress** held on November 14, 1908, in Manastir, now a Macedonian city called Fyrom. The Manastir alphabet, with thirty-six Latin letters and combinations of Latin letters, was created.

Albanian has two main dialects: **Tosk** and **Gheg**. Tosk is spoken in southern Albania, Greece, Italy, and Turkey, and Gheg is spoken in northern Albania, Kosovo, Macedonia, and Montenegro. Modern standard Albanian is mostly based on the phonology and phonetics of the Tosk literary variant, even though it has integrated many elements of the Gheg dialect. Nowadays, some use the Gheg dialect symbolically alongside standard Albanian in literary works and other writings.

At the beginning of the twentieth century, many Albanians started immigrating to the U.S. In 1906, Sotir Peci, an Albanian immigrant, published the first Albanian newspaper in the U.S., called **Kombi**. The history of the Albanian language reflects the history of the Albanian people who, throughout the centuries, have fought for the preservation of their identity, culture, language, customs, and traditions. But because of the contact with the Greeks, Romans, Slavs, and Turks, many foreign words have assimilated into the language. It is no surprise, then, to find that the same trend continues today with many foreign words, especially from English and Italian, entering the Albanian language.

Regardless of the circumstances under which standard Albanian was formed, today it is an official language in Albania and Kosovo, and is also spoken in Macedonia, Montenegro, and by the worldwide Albanian community.

ABBREVIATIONS

ablative	*abl*
accusative	*acc*
adverb	*adv*
dative	*dat*
definite	*def*
feminine	*f*
formal	*form*
genitive	*gen*
imperative	*imp*
indefinite	*indef*
informal	*inform*
literally	*lit*
masculine	*m*
neuter	*nt*
nominative	*nom*
noun	*n*
plural	*pl*
singular	*sing*
verb	*v*

Note: Audio track numbers are given on the CD icons throughout the book in addition to a complete track list on pages 258-259.

ALBANIAN ALPHABET AND PRONUNCIATION GUIDE

Albanian Alphabet

A a	**B b**	**C c**	**Ç ç**	**D d**	**Dh dh**
E e	**Ë ë**	**F f**	**G g**	**Gj gj**	**H h**
I i	**J j**	**K k**	**L l**	**Ll ll**	**M m**
N n	**Nj nj**	**O o**	**P p**	**Q q**	**R r**
Rr rr	**S s**	**Sh sh**	**T t**	**Th th**	**U u**
V v	**X x**	**Xh xh**	**Y y**	**Z z**	**Zh zh**

The Albanian alphabet has thirty-six letters. It includes two letters with diacritic marks (**ë** and **ç**) and nine letters made up of two consonants standing for single sounds:

dh gj ll nj rr sh th xh zh

Each letter of the alphabet is always pronounced the same way. For those letters that do not have exact equivalents in English, a detailed description of pronunciation is given in the tables below.

In the following table, the first column contains the Albanian vowels, the second column the English equivalent sound for each vowel, and the third column Albanian words containing the relevant vowels along with the pronunciation of the words [in brackets] and their translations. In those Albanian words with more than one syllable, stress is indicated by the use of italics in the phonetic transcription.

1:2

ALBANIAN VOWELS

Albanian Vowels	English Equivalent	Albanian Example
A a [a]	far	**b*a*r** [bar] grass
E e [e]	get	**fl*e*t** [flet] speaks
Ë ë* [uh]	fir	**v*ë*** [vuh] to put
I i [ee]	bee	**d*i*** [dee] to know
O o [o]	cot	**k*o*t** [kot] in vain
U u [oo]	mood	**m*u*r** [moor] wall
Y y [ü]	etude	**d*y*** [dü] two
	(*lips protrude forward as if getting ready to whistle*)	

***Shënim/Note:** When the Albanian vowel **ë** appears at the end of a two or more syllable word it can become very weak.

In the following chart, the first column contains the Albanian consonants, the second column contains each letter's English equivalent sound, and the third column contains Albanian words employing the consonants along with the pronunciation of the words in brackets and the English translation. In those Albanian words with more than one syllable, stress is indicated by the use of italics in the phonetic transcription.

1:3

ALBANIAN CONSONANTS

Albanian Consonants	English Equivalent	Albanian Example
B b [b]	**b**ig	**bir** [beer] son
C c [ts]	pi**zz**a	**cila** [*tsee*·la] which one
Ç ç [ch]	**ch**urch	**çaj** [chay] tea
D d [d]	**d**og	**dorë** [*do*·ruh] hand

Dh dh [th]	**th**at	**dhi** [thee] goat
F f [f]	**f**ly	**festë** [*fes*·tuh] celebration
G g [g]	**g**ood	**gur** [goor] stone
Gj gj [d + y]	*middle part of tongue touches roof of mouth pushing forward and tip of tongue touches inside of front teeth*	**gjak** [dyak] blood
H h [h]	**h**ut	**ha** [ha] to eat
J j [y]	**y**et	**jo** [yo] no
K k [k]	**k**ite	**kos** [kos] yogurt
L l [l]	**l**ike	**lind** [leend] to give birth
Ll ll [ll]	hi**ll** (*strong l*)	**llak** [llak] hairspray
M m [m]	**m**ore	**mot** [mot] weather
N n [n]	**n**o	**natë** [*na*·tuh] night
Nj nj [ñ]	*like Spanish* ***ñ*** *as in se**ñ**or a combination of "n + y"*	**një** [ñuh] one
P p [p]	**p**ort	**po** [po] yes
Q q [ch + y]	*tip of tongue touches inside of bottom front teeth while middle part of tongue touches roof of the mouth*	**qen** [chyen] dog
R r [r]	**r**un	**rini** [ree·*nee*] youth
Rr rr	*strong rolled* ***r***	**rrugë** [*rroo*·guh] road
S s [s]	**s**on	**sot** [sot] today
Sh sh [sh]	**sh**oe	**shumë** [*shoo*·muh] a lot
T t [t]	**t**ip	**ti** [tee] you *inform*
Th th [th]	**th**ink	**thes** [thes] sack
V v [v]	**v**ast	**vapë** [*va*·puh] hot
X x [dz]	ki**ds**	**nxë** [ndzuh] to contain

Xh xh [j]	**j**acket	**xhaketë** [ja·*ke*·tuh] jacket
Z z [z]	**z**ebra	**zë** [zuh] voice
Zh zh [zh]	plea**s**ure	**zhurmë** [*zhoor*·muh] noise

MËSIMI 1
LESSON 1

Unë quhem Besa
My Name is Besa

In this lesson you will learn to:

greet someone in Albanian

ask someone's name and where they are from

tell someone his/her name and where he/she is from

say and write numbers from 0 to 10

conjugate the verb **jam** *to be* and the verb **quhem** *to be called* in the simple present tense

1:4

DIALOGU 1.1: UNË QUHEM BESA

1:5

Besa: Mirëdita! Unë quhem Besa. Po ju si quheni?

Drini: Unë quhem Drini dhe kjo është shoqja ime, Mira.

Besa: Gëzohem që u njohëm, Drini dhe Mira.

Mira: Gjithashtu. Nga jeni ju, Besa?

Besa: Unë jam nga Amerika. Po ju, nga jeni?

Mira: Unë jam nga Tirana, Shqipëria.

Besa: Po shoku juaj, Drini nga është?

Mira: Ai është nga Prishtina, Kosova.

Drini: Mirë se erdhët në Shqipëri, Besa.

Besa: Faleminderit!

Mira: Mirupafshim!

Besa: Mirupafshim!

DIALOGUE 1.1: MY NAME IS BESA

Besa is an American student who will be living in Albania for one year so that she can learn Albanian. She will be taking classes at the University of Tirana, the capital of Albania. This is her first day of class.

Besa: Good day! My name is Besa. What is your name?

Drini: My name is Drini and this is my friend, Mira.

Besa: Nice to meet you, Drini and Mira.

Mira: Nice to meet you, too. Where are you from, Besa?

Besa: I am from America. And you, where are you from?

Mira: I am from Tirana, Albania.

Besa: And your friend, Drini, where is he from?

Mira: He is from Prishtina, Kosovo.

Drini: Welcome to Albania, Besa.

Besa: Thank you!

Mira: Goodbye!

Besa: Goodbye!

FJALOR
VOCABULARY

ai [a·*ee*] he
dhe [the] and
është / jam [*uhsh*·tuh / yam] is / to be
faleminderit [fa·le·meen·*de*·reet] thank you
gëzohem [guh·*zo*·hem] to be glad
gjithashtu [dyee·thash·*too*] as well, me too
im [eem] my
jam [yam] am
jeni [*ye*·nee] (you) are
ju [yoo] *form* you
juaj [*yoo*·ay] *form* your
kjo [kyo] *f* this
mirëdita [mee·ruh·*dee*·ta] good day
mirë se erdhët [*mee*·ruh se *er*·thuht] welcome
mirupafshim [mee·roo·*paf*·sheem] goodbye
në [nuh] to
nga [nga] from where
po [po] how about
që [chyuh] that
quhem [*chyoo*·hem] to be called/named
shok [shok] *m* (male) friend
shoqe [*sho*·chye] *f* (female) friend
Shqipëri [shchyee·puh·*ree*] *f* Albania
si [see] how, what
u njohëm [oo *ño*·huhm] we met
unë [*oo*·nuh] I

1:6

NUMRAT NË SHQIP
NUMBERS IN ALBANIAN

Numrat nga 0 (zero) deri në 10 (dhjetë)
Numbers from 0 (zero) to 10 (ten)

Number	Albanian	Pronunciation
0	**zero**	[*ze*·ro]
1	**një**	[ñuh]
2	**dy**	[dü]
3	**tre**	[tre]
4	**katër**	[*ka*·tuhr]
5	**pesë**	[*pe*·suh]
6	**gjashtë**	[*dyash*·tuh]
7	**shtatë**	[*shta*·tuh]
8	**tetë**	[*te*·tuh]
9	**nëntë**	[*nuhn*·tuh]
10	**dhjetë**	[*thye*·tuh]

GRAMATIKË
GRAMMAR

GREETING SOMEONE

In Albanian the way you greet someone depends on the time of day:

mirëmëngjes [mee·ruh·muhn·*dyes*] good morning
(used from morning till around noon)

mirëdita [mee·ruh·*dee*·ta] good day
(used from noon till late afternoon)

mirëmbrëma [mee·ruh·*mbruh*·ma] good evening
(used in the evening)

gëzohem që u njohëm [guh·*zo*·hem chyuh oo *ño*·huhm]
nice/glad to meet you
(used any time of day)

Shënim/Note: A common greeting used mostly in Kosovo and northern Albania is **tung** *hello.*

TELLING SOMEONE YOUR NAME

Different expressions are used to ask someone's name in Albanian. They are given below with the respective answers:

Si quheni? *form* / **Si quhesh?** *inform*
What are you called/named?

Unë quhem ....
I am called/named ....

Si e keni emrin? *form* / **Si e ke emrin?** *inform*
What is your name?

Unë e kam emrin Mira.
My name is Mira. (*lit*: I have the name Mira.)

Shënim/Note: The **e** used in the above sentences goes with the word **emrin** and together they function as the direct object of the sentence.

Si ju quajnë? *form* / **Si të quajnë?** *inform*
What do they call you?

Më quajnë Mira.
They call me Mira. (*lit:* They me call Mira.)

PËREMRAT
PRONOUNS

Përemrat vetorë I
Personal pronouns I

	Singular	Plural
1st person	**Unë** I	**ne** we
2nd person	**ti** you	**ju** you (*pl* or *form sing*)
3rd person	**ai** he / **ajo** she	**ata** they *m* / **ato** they *f*

Albanian does not have a personal pronoun corresponding to the English *it*. All nouns have a grammatical gender and are referred to as either **ai** *he* or **ajo** *she* in the singular and **ata** *m they* and **ato** *f they* in the plural:

libri [*lee*·bree] *m sing* the book	**ai** it
librat [*lee*·brat] *m pl* the books	**ata** they
shtëpia [shtuh·*pee*·a] *f sing* the house	**ajo** it
shtëpitë [shtuh·*pee*·tuh] *f pl* the houses	**ato** they

FOLJET
VERBS

Koha e tashme e thjeshtë
Simple present tense

The simple present tense of the verb shows an action that happens on a regular basis: *I **play** tennis.*; *The train **leaves** at 8 a.m.*

Folja *jam*
The verb *to be*

The verb **jam** *to be* is irregular. The following chart contains its conjugation in the present tense.

jam (to be)

	Singular	Plural
1st	**unë jam** I am	**ne jemi** we are
2nd	**ti je** you are	**ju jeni** you are (*pl* or *form sing*)
3rd	**ai/ajo është** he/she is	**ata/ato janë** they are *m/f*

Unë *jam* nga Amerika
I *am* from America.

Ai *është* nga Prishtina, Kosova.
He *is* from Prishtina, Kosovo.

Zgjedhimi i foljes *quhem* në kohën e tashme
Conjugation of the verb *to be called/named* in the simple present tense

quhem (to be called/named)

	Singular	Plural
1st	**Unë quhem** I am called/named	**ne quhemi** we are called/named
2nd	**ti quhesh** you are called/named	**ju quheni** you are called/named (*pl* or *form sing*)
3rd	**ai/ajo quhet** he/she is called/named	**ata/ato quhen** they are called/named *m/f*

Unë *quhem* Besa.
My name is Besa. (*lit*: *I'm called/named* Besa.)

***Gëzohem* që u njohëm**
Nice to meet you. [*lit*: *I'm glad* to meet you.]

Verbs that end in **-hem** in the first person singular take the endings that are underlined in the above chart and set forth in the following table in the present tense:

	Singular	Plural
1st	**-hem**	**-hemi**
2nd	**-hesh**	**-heni** *pl* or *form sing*
3rd	**-het** *m/f*	**-hen** *m/f*

USHTRIME
EXERCISES

1.1. Përgjigjjuni fjalive të mëposhtme.
Respond to the following sentences.

Shembull Example:

Mirëdita! Mirëdita!

a) Mirëmëngjes! ____________________

Mirëdita! ____________________

Mirëmbrëma! ____________________

b) Mirëdita! Unë quhem Mira. Po ju si quheni?

____

Gëzohem që u njohëm.

____

1.2. Plotësoni fjalitë e mëposhtme me formën e duhur të foljes.
Complete the following sentences with the correct form of the verb.

Shembull Example:

Ai (jam) ____________ nga Tirana.
Ai është nga Tirana.

Drini: Unë (jam) ____________ nga Kosova. Po ju nga (jam) ___________?

Mira: Unë (jam) ____________ nga Tirana. Po shoqja juaj nga (jam) _________?

Drini: Shoqja ime (jam) ____________ nga Amerika. Ajo (quhem) ____________Besa.

Mira: Unë (quhem) ______________ Mira. Po ju si (quhem) ____________?

Drini: Unë (quhem) ______________ Drini.

1.3. Shkruani në shqip numrat e mëposhtëm.
Write out the following numbers in Albanian.

0________________ 6__________________
1________________ 7__________________
2________________ 8__________________
3________________ 9__________________
4________________ 10_________________
5________________

1: 7

1.4. Dëgjoni fjalitë në audio dhe përgjigjjuni pyetjeve të mëposhtme.
Listen to the sentences on the audio and answer the following questions.

a) Mirëdita!

____

b) Unë quhem Drini. Po ju si quheni?

____

c) Unë jam nga Kosova. Po ju nga jeni?

____

d) Gëzohem që u njohëm.

____

e) Mirupafshim!

____

Cultural Tip

Greeting people

Albanians are known for their hospitality and friendliness. This, in some ways, is also reflected in the way they greet their relatives, friends, and acquaintances, as well as people they meet for the first time. The following are the most common ways to greet someone in Albania:

Handshake. A handshake is used when you are introduced to someone or meet someone for the first time, as well as when you say goodbye to someone you have just met. It is also used when you meet and say goodbye to someone you already know. This person could be a relative, friend, or acquaintance.

Kiss. A kiss on both cheeks is used when greeting a family member you haven't seen for a long time or a friend. This is used by both men and women. Sometimes a kiss on both cheeks is accompanied by a handshake and/or a pat on the shoulder.

MËSIMI 2
LESSON 2

UNË FLAS SHQIP
I SPEAK ALBANIAN

In this lesson you will learn to:

ask and answer simple questions using the simple present tense and present continuous tense

say and write numbers from 11 to 20

use negation

1:8

DIALOGU 2.1: UNË FLAS SHQIP

1:9

Të nesërmen Besa dhe Mira takohen në bibliotekë.

Besa: **Mirëmëngjes, Mira! Si je?**

Mira: **Mirëmëngjes, Besa. Mirë jam. Po ti si je?**

Besa: **Shumë mirë, faleminderit.**

Mira: **Çfarë po bën këtu?**

Besa: **Po kërkoj një libër për të mësuar shqip.**

Mira: **Ti flet mirë shqip.**

Besa: **Po, por nuk lexoj mirë shqip. Po ti çfarë po bën këtu?**

Mira: **Unë po studioj.**

Besa: **Mira, unë dua të flas më shumë shqip. Mund të flasim bashkë shqip?**

Mira: **Po, patjetër.**

Besa: **Shumë faleminderit, Mira. Kam kënaqësi kur flas shqip me ty.**

Mira: **Kënaqësia është e imja, Besa.**

DIALOGUE 2.1: I SPEAK ALBANIAN

The following day Besa and Mira meet at the library.

Besa: Good morning, Mira! How are you?

Mira: Good morning, Besa. I am fine. How about you?

Besa: Very well, thank you.

Mira: What are you doing here?

Besa: I am looking for a book to learn Albanian.

Mira: You speak Albanian well.

Besa: Yes, but I don't read Albanian well. And you, what are you doing here?

Mira: I am studying.

Besa: Mira, I want to speak more Albanian. Can we speak Albanian together?

Mira: Yes, of course.

Besa: Thank you very much, Mira. It's a pleasure when I speak Albanian with you.

Mira: The pleasure is mine, Besa.

FJALOR VOCABULARY

bashkë [*bash*·kuh] together
bëj [buhy] to do
bën / po bën [buhn] to do / (you, he, she) are doing
bibliotekë [bee·blee·o·*te*·kuh] *f* library
çfarë [*chfa*·ruh] what
dua [*doo*·a] to want
e imja [e *eem*·ya] mine
flas [flas] to speak
flet [flet] *inform, sing* (you) speak
kam [kam] to have
kënaqësi [kuh·na·chyuh·*see*] *f* pleasure
kërkoj / po kërkoj [kuhr·*koy*] to look for / (I) am looking for
këtu [kuh·*too*] here
kur [koor] when
lexoj [le·*dzoy*] to read
libër [*lee*·buhr] *m* book
mësuar [*muh*·soo·ar] learn
më shumë [muh *shoo*·muh] more
me [me] with
mirë [*mee*·ruh] well, good
mund [moond] can
një [ñuh] a, an
nuk [nook] not
patjetër [pa·*tye*·tuhr] of course
për të [puhr tuh] (in order) to
po [po] yes
por [por] but
shqip [shchyeep] Albanian (the language)
shumë [*shoo*·muh] very much, very
studioj / po studioj [stoo·dee·*oy*] to study / (I) am studying
takohem [ta·*ko*·hem] to meet

të [tuh] to
të nesërmen [tuh *ne*·suhr·men] the following day
ti [tee] *inform, sing* you
ty [ty] *inform, sing* (to) you

SHPREHJE
EXPRESSIONS

Si je? *inform* / **Si jeni?** *sing form and pl*
How are you?

Mirë jam *or* **Jam mirë.**
I am fine.
(the adverb **mirë** *fine* can be either before or after the verb)

Po ti …?
How about you …?

Çfarë po bën?
What are you doing?; What are you up to?

Kam kënaqësi …
It is a pleasure … (*lit*: I have pleasure …)

Kënaqësia është e imja.
The pleasure is mine.

1: 10

NUMRAT NË SHQIP
NUMBERS IN ALBANIAN

Numrat nga 11 (njëmbëdhjetë) deri në 20 (njëzet)
Numbers from 11 (eleven) to 20 (twenty)

Numbers from 11 to 19 are formed by adding the numbers one to nine to the number ten using the conjuction **mbë** *over*. For example: **një mbë dhjetë** *one over ten* forming the number **njëmbëdhjetë** *eleven*; **dy mbë dhjetë** *two over ten* forming the number **dymbëdhjetë** *twelve*, and so on.

11	**njëmbëdhjetë**	[ñuhm·buh·*thye*·tuh]
12	**dymbëdhjetë**	[düm·buh·*thye*·tuh]
13	**trembëdhjetë**	[trem·buh·*thye*·tuh]
14	**katërmbëdhjetë**	[ka·tuhr·mbuh·*thye*·tuh]
15	**pesëmbëdhjetë**	[pe·suh·mbuh·*thye*·tuh]
16	**gjashtëmbëdhjetë**	[dyash·tuh·mbuh·*thye*·tuh]
17	**shtatëmbëdhjetë**	[shta·tuh·mbuh·*thye*·tuh]
18	**tetëmbëdhjetë**	[te·tuh·mbuh·*thye*·tuh]
19	**nëntëmbëdhjetë**	[nuhn·tuh·mbuh·*thye*·tuh]
20	**njëzet**	[ñuh·*zet*]

GRAMATIKË
GRAMMAR

PËREMRAT
PRONOUNS

Përemrat vetorë II
Personal pronouns II

In Albanian the personal pronouns: **unë** *I*, **ti** *you*, **ai** *he*, **ajo** *she*, **ne** *we*, **ju** *you (pl and form sing)*, **ata** *they (m)*, **ato** *they (f)* are usually omitted in everyday conversations. This is due to the fact that the form of the verb and/or the context make it clear who is speaking, who is being spoken to, or who we are speaking about.

Si je (ti)?	How are you?
(Unë) jam mirë.	I am fine.
(Ne) po studiojmë.	We are studying.
Flisni shqip (ju)?	Do you speak Albanian?
(Unë) lexoj shqip.	I read Albanian.
(Ata) janë nga Amerika.	They are from America.

FOLJET
VERBS

Foljet që mbarojnë me –j
Verbs that end in -j

A large group of verbs in Albanian end in **-j** and they are all conjugated the same way in the present tense.

lexoj (to read)

	Singular	Plural
1st	**unë lexoj** I read	**ne lexojmë** we read
2nd	**ti lexon** you read	**ju lexoni** you read
3rd	**ai/ajo lexon** he/she reads	**ata/ato lexojnë** they read

Verbs that end in **-j** in the first person singular take the endings in the present tense that are underlined in the above chart and set forth in the following table:

	Singular	Plural
1st	**-j**	**-jmë**
2nd	**-n**	**-ni** (*pl* or *form sing*)
3rd	**-n** *m/f*	**-jnë** *m/f*

Unë *lexoj* mirë shqip.
I *read* Albanian well.

Ai *lexon* një libër.
He *reads* a book.

Çfarë *bën* ai?
What *does* he *do*?

Ne *kërkojmë* një libër për të mësuar shqip.
We *look for* a book to learn Albanian.

Ata *studiojnë* shqip.
They *study* Albanian.

Forma negative e foljeve – nuk
Verb negation – not

Albanian differs from English in the way it forms the negative form of verbs. In English you use the verb *do* + *not* to form the negative, whereas in Albanian you simply place **nuk** *not* in front of the verb. This rule applies to all basic verb forms in Albanian.

	Singular	Plural
1st	**unë nuk lexoj** I don't read	**ne nuk lexojmë** we don't read
2nd	**ti nuk lexon** you don't read	**ju nuk lexoni** you don't read
3rd	**ai/ajo nuk lexon** he/she doesn't read	**ata/ato nuk lexojnë** they don't read

Unë *nuk lexoj* mirë shqip.
I *don't read* Albanian well.

Mira *nuk studion* shqip.
Mira *does not study* Albanian.

Zgjedhimi i foljes *flas* në kohën e tashme
Conjugation of the verb *flas* (to speak) in simple present tense

flas (to speak)

	Singular	Plural
1st	**unë flas** I speak	**ne flasim** we speak
2nd	**ti flet** you speak	**ju flisni** you speak
3rd	**ai/ajo flet** he/she speaks	**ata/ato flasin** they speak

Koha e tashme me pjesëzën po
Present continuous tense

The present continuous tense shows an action that is happening at the very moment that we are speaking. In English, it is formed by using the verb *to be* in the present tense and the *-ing* form of the verb: *I am singing*, *you are going*. In Albanian, the present continuous is formed by adding the particle **po** in front of the present tense of the verb.

studioj (to study)

	Singular	Plural
1st	**unë po studioj** I am studying	**ne po studiojmë** we are studying
2nd	**ti po studion** you are studying	**ju po studioni** you are studying
3rd	**ai/ajo po studion** he/she is studying	**ata/ato po studiojnë** they are studying

***Po kërkoj* një libër në shqip.**
I *am looking* for a book in Albanian.

Çfarë *po bën* këtu?
What *are you doing* here?

The negative form in the present continuous tense is formed by simply adding **nuk** in front of **po**:

Ai *nuk* po studion.
He is *not* studying.

USHTRIME
EXERCISES

2.1. Plotësoni fjalitë e mëposhtme me formën e duhur të foljes në kllapa.
Complete the following sentences with the correct form of the verb given in parentheses.

Drini: Mirëdita, Besa. Si (jam) _______________?

Besa: Mirëdita, Drini. Mirë (jam) _______________.
Po ti si (jam) ____________?

Drini: Çfarë po (bëj) _______________ këtu?

Besa: Unë po (studioj) _______________.
Po ti çfarë po (bëj) ____________?

Drini: Po (lexoj) _________________ një libër.

2.2. Lexoni përsëri dialogun në fillim të këtij mësimi dhe plotësoni fjalitë e mëposhtme.

Read the dialogue at the start of this lesson again and complete the following sentences.

a) Unë ____________________ mirë shqip.

b) Po ti flet ________________ shqip?

c) Ajo nuk ________________ mirë shqip.

d) ____________ flasim shumë mirë shqip.

e) Ju lexoni shumë mirë ______________.

f) Ai po ________________ një libër për të mësuar shqip.

g) Unë dua të ________________ më shumë shqip.

h) Ato ________________ studiojnë në bibliotekë.

1: 11

2.3. Dëgjoni fjalitë në audio dhe përgjigjjuni pyetjeve të mëposhtme.

Listen to the sentences on the audio and answer the following questions.

a) Mirëmëngjes!

____

b) Si jeni?

____

c) Unë flas shqip. Po ju flisni shqip?

____

d) Unë lexoj mirë shqip. Po ti lexon mirë shqip?

____

e) Unë po studioj. Po ti çfarë po bën?

____

f) Unë dua të flas më shumë shqip. Mund të flasim bashkë shqip?

____

2.4. Përktheni në shqip.
Translate into Albanian.

a) How are you?

____

b) I am fine.

____

c) What are you doing here?

____

d) I am studying.

____

e) He speaks Albanian well.

____

f) We don't read Albanian well.

____

g) I want to speak more Albanian.

____

h) Can we speak Albanian together?

____

i) Thank you very much.

____

j) It's a pleasure.

____

k) The pleasure is mine.

____

Cultural Tip

Gestures

The most important, yet most confusing gesture in Albania is head movements to indicate yes or no. It is not quite the opposite of what you are used to in the Western culture, but close.

When saying "yes" an Albanian will move his or her head horizontally from side to side, pretty much the same way a westerner would move his or her head to say "no." If you are carrying on a conversation with an Albanian, you will notice this head movement often, which indicates that the other person is agreeing with you or listening to what you are saying.

When saying "no" an Albanian will raise his or her head, eyebrows, and chin slightly. Sometimes this is accompanied by a clicking of the tongue. This clicking noise is similar in sound to the scolding noise your mother would have made when you were young and did something wrong. The higher the head, eyebrows, and chin are raised, the stronger the "no."

MËSIMI 3
LESSON 3

FAMILJA IME
MY FAMILY

In this lesson you will learn:

to talk about family in simple words

to say and write numbers from 21 to 30

to conjugate the verb **kam** *to have*

the word order of a sentence in Albanian

how to form questions

the word order of adjectives and possessive pronouns

the possessive pronouns used with masculine and feminine singular nouns

1: 12

DIALOGU 3.1: FAMILJA IME

1: 13

Të shtunën Besa shkon te shtëpia e Mirës.

Mira: **Mirëmbrëma, Besa! Mirë se erdhe në shtëpinë tonë. Ky është vëllai im, Bledi.**

Besa: **Gëzohem që u njohëm, Bledi!**

Bledi: **Gjithashtu.**

Mira: **Besa është nga Amerika. Ajo po mëson shqip këtu në Shqipëri.**

Bledi: **A është familja juaj këtu me ju?**

Besa: **Jo, ata janë në Amerikë. Babai im quhet Robert. Ai është amerikan. Nëna ime quhet Drita. Ajo është shqiptare. Nëna ime flet shqip dhe anglisht kurse babai flet vetëm anglisht.**

Mira: **Po vëllezër e motra ke?**

Besa: **Po, kam një vëlla dhe një motër. Vëllai im quhet Aleks. Ai është inxhinier. Motra ime quhet Linda. Ajo është studente.**

Bledi: **Po babai dhe nëna çfarë pune bëjnë?**

Besa: **Babai im është doktor, kurse nëna nuk punon.**

Mira: **Të merr malli për familjen?**

Besa: **Po, por flas shpesh me ata në telefon.**

Bledi: **Besoj se edhe ata i merr malli për ty.**

DIALOGUE 3.1: MY FAMILY

Saturday Besa goes to Mira's house.

Mira: Good evening, Besa! Welcome to our house. This is my brother, Bledi.

Besa: Nice to meet you, Bledi!

Bledi: Nice to meet you, too.

Mira: Besa is from America. She is learning Albanian here in Albania.

Bledi: Is your family here with you?

Besa: No, they are in America. My father is named Robert. He is American. My mother is named Drita. She is Albanian. My mother speaks Albanian and English whereas my father speaks English only.

Mira: Do you have any brothers and sisters?

Besa: Yes, I have one brother and one sister. My brother is named Alex . He is an engineer. My sister is named Linda. She is a student.

Bledi: And your father and mother, what kind of work do they do?

Besa: My father is a doctor whereas my mother doesn't work.

Mira: Do you miss your family?

Besa: Yes, but I often speak with them on the phone.

Bledi: I believe that they miss you, too.

FJALOR
VOCABULARY

a është …? [a *uhsh*·tuh] is …?
amerikan [a·me·ree·*kan*] *m* American
Amerikë [a·me·*ree*·kuh] *f* America
anglisht [an·*gleesht*] English
baba [ba·*ba*] *m* father
ata [a·*ta*] they
besoj [be·*soy*] to believe
doktor [dok·*tor*] *m* doctor
Drita [*dree*·ta] Drita
e Mirës [e *mee*·ruhs] Mira's
e [e] and
edhe [e·*the*] also
familje [fa·*meel*·ye] *f* family
inxhinier [een·jee·nee·*er*] *m* engineer
jo [yo] no
ke …? [ke] have (you) …?
kurse [koor·*se*] whereas
ky [kü] *m* this
mall [mall] *n, m* missing someone
mësoj [muh·*soy*] to learn
motër [*mo*·tuhr] *f* sister
nënë [*nuh*·nuh] *f* mother
punë [*poo*·nuh] *n, f* work
punoj [poo·*noy*] *v* to work
Robert [ro·*bert*] Robert
se [se] that
shkoj [shkoy] to go
shpesh [shpesh] often
shqiptar [shchyeep·*tar*] *n, m* Albanian
shtëpi [shtuh·*pee*] *f* house
student [stoo·*dent*] *m* student

të shtunën [tuh *shtoo*·nuhn] on Saturday
te [te] to, at
telefon [te·le·*fon*] *m* telephone
tonë [*to*·nuh] our
vëlla [vuh·*lla*] *m* brother
vëllezër [vuh·*lle*·zuhr] brothers
vetëm [*ve*·tuhm] only

SHPREHJE
EXPRESSIONS

Çfarë pune bëni? *form* / **Çfarë pune bën?** *inform*
What kind of work do you do?

më merr malli për to miss someone

flas në telefon to speak on the phone

1: 14

NUMRAT NË SHQIP
NUMBERS IN ALBANIAN

Numrat nga 21 (njëzet e një) deri në 30 (tridhjetë)
Numbers from 21 (twenty-one) to 30 (thirty)

Number	Albanian	Pronunciation
21	**njëzet e një**	[ñuh·*zet* e ñuh]
22	**njëzet e dy**	[ñuh·*zet* e dü]
23	**njëzet e tre**	[ñuh·*zet* e tre]
24	**njëzet e katër**	[ñuh·*zet* e *ka*·tuhr]
25	**njëzet e pesë**	[ñuh·*zet* e *pe*·suh]
26	**njëzet e gjashtë**	[ñuh·*zet* e *dyash*·tuh]
27	**njëzet e shtatë**	[ñuh·*zet* e *shta*·tuh]
28	**njëzet e tetë**	[ñuh·*zet* e *te*·tuh]
29	**njëzet e nëntë**	[ñuh·*zet* e *nuhn*·tuh]
30	**tridhjetë**	[tree·*thye*·tuh]

njëzet e një shtëpi	twenty-one houses
njëzet e pesë shqiptarë	twenty-five Albanians
tridhjetë amerikanë	thirty Americans

GRAMATIKË
GRAMMAR

FOLJET
VERBS

Folja *kam*
The verb *to have*

The verb **kam** *to have*, just like the verb **jam** *to be*, is an irregular verb.

kam (to have)

	Singular	Plural
1st	**unë kam** I have	**ne kemi** we have
2nd	**ti ke** you have	**ju keni** you have
3rd	**ai/ajo ka** he/she has	**ata/ato kanë** they have

Kam kënaqësi kur flas shqip.
I enjoy speaking Albanian.
(*lit:* I have pleasure when I speak Albanian.)

Ajo ka një vëlla dhe një motër.
She has one brother and one sister.

Sa vëllezër e motra keni?
How many brothers and sisters do you have?

Ne kemi një motër.
We have one sister.

RENDI I FJALISË
SENTENCE WORD ORDER

Albanian has a somewhat flexible word order. In English you always have:

I	have	a book.
subject	*verb*	*object*

In Albanian you can have any of the following, with the first version being the most common:

Unë	**kam**	**një libër.**
subject	*verb*	*object*
I	have	a book
Kam	**unë**	**një libër.**
verb	*subject*	*object*
have	I	a book
Një libër	**kam**	**unë.**
object	*verb*	*subject*
a book	have	I

Formimi i pyetjeve
Forming questions

Questions in Albanian are formed by placing the verb in front of the subject:

Punoni	**ju?**
verb	*subject*
Work	you?

A lot of times when forming questions the particle **a** is used at the beginning of the sentence:

***A* është familja juaj këtu?**	Is your family here?
***A* po studioni ju?**	Are you studying?
***A* punoni ju?**	Do you work?

Rendi i mbiemrave dhe përemrave pronorë
Word order of adjectives and possessive pronouns

Albanian differs from English in its positioning of adjectives and possessive pronouns, the words that modify nouns (which are persons or things).

vëllai *im*	*my* brother
shoqe *e mirë*	*good* friend *f*

Here the possessive pronoun **im** *my* and the adjective **e mirë** [e *mee*·ruh] *good* always follow the nouns they define, in this case **vëllai** *brother* and **shoqe** *friend* respectively. In English the pronoun and the adjective precede the noun.

PËREMRAT
PRONOUNS

Përemrat pronorë
Possessive pronouns

Possessive pronouns denote possession. Possessive pronouns in Albanian take *the gender and number of the noun they modify.*

Masculine Singular Possessive Pronouns	Feminine Singular Possessive Pronouns
vëllai *im* *my* brother	**motra *ime*** *my* sister
vëllai *yt* *your* brother	**motra *jote*** *your* sister
vëllai *i tij* *his* brother	**motra *e tij*** *his* sister
vëllai *i saj* *her* brother	**motra *e saj*** *her* sister
vëllai *ynë* *our* brother	**motra *jonë*** *our* sister
vëllai *juaj* *your* brother	**motra *juaj*** *your* sister
vëllai *i tyre* *their* brother	**motra *e tyre*** *their* sister

In the above list, the word **vëllai** *brother* is masculine and singular. Therefore, the possessive pronouns modifying that word will all be masculine and singular. For example, the possessive pronoun **ynë** *our* in **vëllai ynë** *our brother* could be referring to several sisters who are speaking about *our brother*, or several brothers speaking about *our brother* or a mixed group of brothers and sisters talking about *our brother*. Regardless of the gender of the speakers, the possessive pronoun **ynë** *our* must be *singular* and *masculine* because the word it is defining, **vëllai** *brother*, is singular and masculine.

Again, looking at the lists above, you will see that the feminine singular possessive pronoun *our* is **jonë** in the phrase **motra jonë** *our sister*, because **motra** *sister* is singular and feminine.

Shoqja ime **quhet Mira.**	*My friend* is named Mira.
Nga është *shoku juaj*?	Where is *your friend* from?
Babai i saj **quhet Robert.**	*Her father* is named Robert.
Nëna jonë **quhet Drita.**	*Our mother* is named Drita.
Vëllai i tyre **është inxhinier.**	*Their brother* is an engineer.
Motra e tij **është studente.**	*His sister* is a student.

USHTRIME
EXERCISES

3.1. Plotësoni dialogun.
Complete the dialogue.

Bledi: Mirëmbrëma! Unë quhem Bledi. Po ju si __________ __________?

Besa: Unë __________________ Besa. Unë jam nga Amerika. Po ju nga __________________ ?

Bledi: Unë jam nga Tirana. A është familja ______________ këtu me ju?

Besa: Jo, ata __________________ në Amerikë. Po familja __________________ është këtu me ju?

Bledi: Po. Ata ____________________ këtu në Tiranë.

Besa: Po vëllezër e motra ________________?

Bledi: Po, _______________ dy vëllezër dhe një motër.

3.2. Plotësoni fjalitë e mëposhtme me formën e duhur të foljes *kam*.
Complete the following sentences with the correct form of the verb **kam** *to have*.

Shembull **Example:**

Ajo _______ një vëlla dhe një motër.
Ajo __ka__ një vëlla dhe një motër.

a) Ai __________ një libër.

b) Ti __________ dy vëllezër.

c) Ne __________ një motër.

d) Ato __________ dy motra.

e) Unë __________ një shoqe.

3.3. Plotësoni fjalitë e mëposhtme me përemrat e duhur pronorë.
Complete the following sentences with the correct possessive pronouns.

Shembull **Example:**

Motra _________ quhet Linda.
Motra __ime__ quhet Linda.

a) Ky është vëllai ____________.

b) A është familja ____________ këtu me ju?

c) Shoqja e tij është nga Amerika. Nga është shoqja ________________?

d) Nëna ____________ quhet Drita.

e) Besa ka një motër. Motra ___________ është studente.

f) Ata kanë një vëlla. Vëllai ___________ është inxhinier.

3.4. Plotësoni fjalitë e mëposhtme.
Fill in the following sentences.

Besa: Unë ___________ Besa.

Bledi: Unë ___________ Bledi.

Besa: Gëzohem që u ___________.

Bledi: Nga ___________ ju?

Besa: Unë _____________ nga Amerika.

Bledi: A _____________familja juaj këtu?

Besa: Jo, ata janë në _____________.

Bledi: Si quhet _____________ juaj?

Besa: Babai im _________________ Robert.

Bledi: _____ quhet nëna juaj?

Besa: Nëna ime ______________ Drita.

3.5. Përktheni në shqip.
Translate into Albanian.

a) Besa goes to Mira's house.

____

b) My father is American. He speaks only English.

____

c) My mother is Albanian. She speaks Albanian and English.

____

d) I have one brother and one sister.

____

e) Besa is learning Albanian.

____

f) My sister is a student.

____

g) He is an engineer.

____

h) Do you miss your family?

____

i) I often speak with them on the phone.

____

Cultural Tip

Albanian Hospitality

When you enter a traditional Albanian home, you are expected to take your shoes off and usually offered a pair of slippers. Once you go inside the home, you are ushered into either the living room or a guest room. In some homes, especially in rural areas, visitors are ushered into a special room that is only used for guests. It's a time-honored tradition for the guest to be seated in the most comfortable place in the room. Often, men are given more distinguished places to sit and women usually sit near the kitchen, or even just go and chat in the kitchen.

MËSIMI 4
LESSON 4

NJË DITË NGA JETA IME
A DAY IN MY LIFE

In this lesson you will learn:

a list of household chores and weekday activities

how to say and write numbers from 10 to 100

the days of the week

how to tell time

how the simple future tense is formed

1: 15

DIALOGU 4.1: NJË DITË NGA JETA IME

1: 16

Është e diel pasdite. Besa është në shtëpi. Papritur bie telefoni.

Besa: Alo!

Drini: Alo, Besa? Jam unë, Drini.

Besa: O, ç'kemi, Drini? Si je ti?

Drini: Mirë, mirë jam. Po ti si je?

Besa: E lodhur.

Drini: Pse je e lodhur?

Besa: Të dielave unë bëj pazarin. Pastaj pastroj apartamentin. Çdo ditë zgjohem në orën shtatë dhe shkoj në shkollë. Kthehem në shtëpi pasdite. Dhe pastaj studioj.

Drini: Po pushim kur bën ti, Besa?

Besa: Bëj pushim të shtunave.

Drini: Unë dhe Mira do të shkojmë për darkë në restorant. A do të vish dhe ti?

Besa: Sa është ora tani?

Drini: Tani është ora pesë. A do të vish?

Besa: Po, do të vij.

Drini: Mirupafshim, Besa.

Besa: Mirupafshim, Drini.

DIALOGUE 4.1: A DAY IN MY LIFE

It is Sunday afternoon. Besa is at home. Suddenly the phone rings.

Besa: Hello!

Drini: Hello, Besa? It's me, Drini.

Besa: Oh, what's up, Drini? How are you?

Drini: I am fine, fine. How about you, how are you?

Besa: Tired.

Drini: Why are you tired?

Besa: On Sundays I do the shopping. Then I clean the apartment. Every day I wake up at seven and go to school. I return home in the afternoon. And then I study!

Drini: And when do you rest, Besa?

Besa: I rest on Saturdays.

Drini: Mira and I will go out to dinner at a restaurant. Will you come too?

Besa: What time is it now?

Drini: Now it is five o'clock. Will you come?

Besa: Yes, I will.

Drini: Goodbye, Besa.

Besa: Goodbye, Drini.

FJALOR
VOCABULARY

alo [a·*lo*] hello (*in phone conversations*)
apartament [a·par·ta·*ment*] *m* apartment
bie [b*ee*·e] (it) rings / to ring
ç' (*short form of* **çfarë**) [ch'] what
çdo [chdo] every
darkë [*dar*·kuh] *f* dinner
dhe [the] too, also
ditë [*dee*·tuh] *f* day
do të [do tuh] will (as in *I will*)
e diel [e *dee*·el] Sunday
e lodhur [e *lo*·thoor] tired
jetë [*ye*·tuh] *f* life
kthehem [*kthe*·hem] to return
në [nuh] at, in
orë [*o*·ruh] *f* clock, time
papritur [pa·*pree*·toor] suddenly
pasdite [pas·*dee*·te] in the afternoon
pastaj [pas·*tay*] then
pazar [pa·*zar*] *n, m* shopping
për [puhr] for
pse [pse] why
pushim [poo·*sheem*] *n, m* rest
restorant [res·to·*rant*] *m* restaurant
sa [sa] how much
shkollë [*shko*·lluh] *f* school
tani [ta·*nee*] now
të dielave [tuh *dee*·e·la·ve] on Sundays
të shtunave [tuh *shtoo*·na·ve] on Saturdays
vij / vish [veey / veesh] to come / (you) come
zgjohem [*zdyo*·hem] to wake up

SHPREHJE
EXPRESSIONS

bie telefoni	the phone rings
Ç'kemi?	What's up? (*lit:* what do we have?)
bëj pazarin	to go shopping (*lit:* to do the shopping)
shkoj për darkë	to go out to dinner (*lit:* to go for dinner)
Sa është ora?	What time is it? (*lit:* How much is the clock?)

1: 17
PUNËT E SHTËPISË
HOUSEHOLD CHORES

përgatis [puhr·ga·*tees*] to prepare
mëngjesin [muhn·*dye*·seen] *m* breakfast
drekën [*dre*·kuhn] *f* lunch
darkën [*dar*·kuhn] *f* dinner
përgatis mëngjesin/drekën/darkën
to make breakfast/lunch/dinner

pastroj [pas·*troy*] to clean
apartamentin [a·par·ta·*men*·teen] *m* the apartment
shtëpinë [shtuh·*pee*·nuh] *f* the house
pastroj apartamentin/shtëpinë
to clean the apartment/house

laj [lay] to wash
rroba [*rro*·ba] *f* clothes
enë [*e*·nuh] *f* dishes
dyshemenë [dy·she·*me*·nuh] *f* the floor
laj rrobat to do the laundry (*lit:* to wash the clothes)
laj enët/dyshemenë to wash the dishes/floor

rregulloj [rre·goo·*lloy*] to fix
krevatin [kre·*va*·teen] *m* the bed
rregulloj krevatin to fix the bed

fshij [fsheey] to sweep
dyshemenë *f* the floor
  fshij dyshemenë to sweep the floor

1: 18

AKTIVITETE GJATË DITËS
WEEKDAY ACTIVITIES

lahem [*la*·hem] to wash oneself

vishem [*vee*·shem] to get dressed

ha [ha] to eat
  ha mëngjesin/drekën/darkën
  to have (*lit:* eat) breakfast/lunch/dinner

lexoj [le·*dzoy*] to read
gazetën [ga·*ze*·tuhn] *f* the newspaper
libër *m* a book
  lexoj gazetën to read the newspaper
  lexoj libër to read a book

shkoj në shkollë to go to school

shkoj në bibliotekë to go to the library

shikoj [shee·*koy*] to watch
televizor [te·le·vee·*zor*] *m* TV set
  shikoj televizor to watch TV (*lit*: watch the TV set)

laj dhëmbët to brush the teeth (*lit*: wash the teeth)

fle [fle] to sleep
gjumë [*dyoo*·muh] *n, m* sleep

1: 19

NUMRAT NË SHQIP
NUMBERS IN ALBANIAN

Numrat me nga dhjetë nga 10 (dhjetë) deri në 100 (njëqind)
Numbers by ten from 10 (ten) to 100 (one hundred)

Number	Albanian	Pronunciation
10	**dhjetë**	[*thye*·tuh]
20	**njëzet**	[ñuh·*zet*]
30	**tridhjetë**	[tree·*thye*·tuh]
40	**dyzet**	[dü·*zet*]
50	**pesëdhjetë**	[pe·suh·*thye*·tuh]
60	**gjashtëdhjetë**	[dyash·tuh·*thye*·tuh]
70	**shtatëdhjetë**	[shta·tuh·*thye*·tuh]
80	**tetëdhjetë**	[te·tuh·*thye*·tuh]
90	**nëntëdhjetë**	[nuhn·tuh·*thye*·tuh]
100	**njëqind**	[ñuh·*chyeend*]

GRAMATIKË
GRAMMAR

1: 20

DITËT E JAVËS
DAYS OF THE WEEK

The days of the week in Albanian differ from English in two ways. They are not capitalized, except when appearing at the beginning of a sentence, and the article **e** appears in front of the name of each day of the week.

e hënë [e *huh*·nuh]	Monday
e martë [e *mar*·tuh]	Tuesday
e mërkurë [e muhr·*koo*·ruh]	Wednesday
e enjte [e *eñ*·te]	Thursday
e premte [e *prem*·te]	Friday
e shtunë [e *shtoo*·nuh]	Saturday
e diel [e *dee*·el]	Sunday

The singular and plural forms for each day of the week, as in the expressions *on Sunday* and *on Sundays*, are as follows:

Singular

të hënën	[tuh *huh*·nuhn]	on Monday
të martën	[tuh *mar*·tuhn]	on Tuesday
të mërkurën	[tuh muhr·*koo*·ruhn]	on Wednesday
të enjten	[tuh *eñ*·ten]	on Thursday
të premten	[tuh *prem*·ten]	on Friday
të shtunën	[tuh *shtoo*·nuhn]	on Saturday
të dielën	[tuh *dee*·e·luhn]	on Sunday

Plural

të hënave	[tuh *huh*·na·ve]	on Mondays
të martave	[tuh *mar*·ta·ve]	on Tuesdays
të mërkurave	[tuh muhr·*koo*·ra·ve]	on Wednesdays
të enjteve	[tuh *eñ*·te·ve]	on Thursdays
të premteve	[tuh *prem*·te·ve]	on Fridays
të shtunave	[tuh *shtoo*·na·ve]	on Saturdays
të dielave	[tuh *dee*·e·la·ve]	on Sundays

***Të hënën* Besa shkon në shkollë.**
On Monday Besa goes to school.

***Të dielën* Besa, Mira dhe Drini shkojnë në restorant.**
On Sunday Besa, Mira and Drini go to the restaurant.

***Të shtunave* Besa bën pushim**
On Saturdays Besa rests.

***Të martave* unë shkoj në shkollë.**
On Tuesdays I go to school.

SA ËSHTË ORA? WHAT TIME IS IT?

In order to tell time in Albanian, you begin the sentence with **ora** *the clock/time.* **Ora** is followed by the verb **është** *is* and then the expression of time:

Ora është pesë.
It is five o'clock. *(lit:* The time is five.)

The word order can vary. You can also say:

Është ora pesë. It is five o'clock.
Është pesë ora. It is five o'clock.

Ora është pesë.
It is five o'clock. (*lit:* The time is five.)

Ora është pesë e dhjetë.
It is five ten. (*lit:* The time is five and ten.)

Ora është pesë e një çerek [che·*rek*]**.**
It is a quarter past five. (*lit:* The time is five and a quarter.)

Ora është pesë e gjysmë [*dyus*·muh]**.**
It is half past five. (*lit:* The time is five and a half.)

Ora është gjashtë pa një çerek.
It is a quarter to six. (*lit:* The time is six without a quarter.)

Ora është gjashtë pa pesë.
It is five to six. (*lit:* The time is six without five.)

However, most of the time when answering the question **Sa është ora?** *What time is it?* you simply omit **ora është** *the time is* and just give the time:

Sa është ora? What time is it?
Shtatë. Seven.

To distinguish between *a.m.* and *p.m.* when telling the time in Albanian, you use the following expressions:

paradite [pa·ra·*dee*·te] a.m.
e mëngjesit in the morning (*lit:* of the morning)
pasdite p.m.
e darkës in the evening (*lit:* of the evening)
e natës [*na*·tuhs] at night (*lit:* of the night)

FOLJET
VERBS

Mënyra lidhore dhe koha e ardhme e thjeshtë
The Subjunctive Mood and the Simple Future Tense

The future tense describes an action that is expected to happen in the future. In order to better understand how the future tense is formed in Albanian, you need to know how verbs are conjugated in the subjunctive mood.

The subjunctive mood in general expresses the modality of possibility. The subjunctive is formed by adding **të** *to* in front of the main verb. Below is the conjugation of the verb **shkoj** *to go* in the subjunctive mood representing all verbs ending in **-j**.

Zgjedhimi i foljeve që mbarojnë me -j në mënyrën lidhore
Conjugation of verbs ending in -j in the subjunctive mood

shkoj (to go)

	Singular	Plural
1st	**unë të shkoj**	**ne të shkojmë**
	I to go	we to go
2nd	**ti të shkosh**	**ju të shkoni**
	you to go	you to go
3rd	**ai/ajo të shkojë**	**ata/ato të shkojnë**
	he/she to go	they to go

The simple future tense is formed by putting the particle **do** *will* in front of the subjunctive form of the main verb. Below is the conjugation of the verb **shkoj** *to go* representing the conjugation in the simple future tense of all verbs ending in **-j**.

Koha e ardhme e thjeshtë e foljeve që mbarojnë me -j
Simple future tense of verbs ending in -j

shkoj (to go)

	Singular	Plural
1st	**unë do të shkoj**	**ne do të shkojmë**
	I will go	we will go
2nd	**ti do të shkosh**	**ju do të shkoni**
	you will go	you will go
3rd	**ai/ajo do të shkojë**	**ata/ato do të shkojnë**
	he/she will go	they will go

Ne *do të bëjmë* pazarin të dielën.
We *will do* the shopping on Sunday.

Të premten Drini *do të pastrojë* apartamentin.
On Friday Drini *will clean* the apartment.

Ju *do të lexoni* një libër pasdite.
You *will read* a book in the afternoon.

Koha e ardhme e thjeshtë e foljeve pësore vetvetore që mbarojnë me -hem
Simple future tense of passive-reflexive verbs ending in -hem

The simple future tense of passive-reflexive verbs that end in **-hem** is also formed by adding **do** *will* in front of the subjunctive form of the main verb. Below is the conjugation of the verb **takohem** *to meet* representing the conjugation in the simple future tense of all passive-reflexive verbs ending in **-hem.**

takohem (to meet)

	Singular	Plural
1st	**unë do të takohem**	**ne do të takohemi**
	I will meet	we will meet
2nd	**ti do të takohesh**	**ju do të takoheni**
	you will meet	you will meet
3rd	**ai/ajo do të takohet**	**ata/ato do të takohen**
	he/she will meet	they will meet

Nesër *do të zgjohem* në orën pesë.
Tomorrow I *will wake up* at five o'clock.

Drini *do të kthehet* në shtëpi paradite.
Drini *will return* home in the morning.

Ata *do të takohen* në restorant.
They *will meet* at the restaurant.

Forma negative e kohës së ardhme të thjeshtë
Negation of the simple future tense

The negative form of all verbs in the simple future tense is formed by adding **nuk** *not* in front of **do të**:

Unë *nuk* do të shkoj. I will *not* go.
Unë *nuk* do të takohem. I will *not* meet.

Ajo *nuk* do të studiojë të shtunën.
She will *not* study on Saturday.

Unë *nuk* do të kthehem në shkollë pasdite.
I will *not* return to school in the afternoon.

USHTRIME
EXERCISES

4.1. Sa është ora?
What time is it?

Shembull Example:

8:20 a.m tetë e njëzet paradite

a) 10:00 a.m.________________________

b) 11:15 a.m.________________________

c) 1:30 p.m.________________________

d) 2:45 p.m.________________________

e) 9:05 a.m.____________________________________

f) 3:55 p.m.____________________________________

g) 4:25 a.m.____________________________________

h) 8:40 p.m.____________________________________

4.2. Sa është ora?
What time is it?

Shembull **Example:**

shtatë e pesë e mëngjesit 7:05 a.m

a) tetë paradite __________

b) nëntë e dhjetë paradite ____________

c) dy e një çerek pasdite ____________

d) gjashtë e gjysmë e darkës ___________

e) njëmbëdhjetë pa një çerek paradite ___________

f) dymbëdhjetë e njëzet pasdite ___________

g) tre pa dhjetë pasdite _________

h) pesë pa njëzet e pesë e mëngjesit ________

4.3. Plotësoni fjalitë e mëposhtme me formën e duhur të foljes në kllapa.
Complete the following sentences with the correct form of the verb given in parentheses.

a) Besa (jam) ________________ e lodhur.

b) Të dielave Besa (bëj) ________________ pazarin.

c) Çdo ditë Besa (zgjohem) _______________ në orën shtatë.

d) Pastaj Besa (pastroj) _______________ apartamentin.

e) Besa (shkoj) ________________ në shkollë.

f) Të shtunave Besa (bëj pushim) __________.

g) Drini dhe Mira (shkoj) __________ për darkë në restorant.

h) Besa, Drini dhe Mira (takohem) ___________ në restorant.

1: 21

4.4. Dëgjoni fjalitë në audio dhe zgjidhni përgjigjen e duhur.
Listen to the sentences on the audio and select the correct answer.

i. Kur e bën pazarin Besa?
- a) Të hënave
- b) Të mërkurave
- c) Të premteve
- d) Të dielave

ii. Kur zgjohet Besa çdo ditë?
- a) Në orën gjashtë
- b) Në orën shtatë
- c) Në orën dhjetë
- d) Në orën tetë

iii. Çfarë do të bëjë Besa?
- a) Do të shkojë në shkollë
- b) Do të lexojë gazetën
- c) Do të pastrojë apartamentin
- d) Do të lajë rrobat

iv. Çfarë bën Besa?
   a) Shkon në restorant
   b) Shkon në shkollë
   c) Shkon në shtëpi
   d) Shkon në bibliotekë

v. Kur bën pushim Besa?
   a) Të dielën
   b) Të martën
   c) Të shtunën
   d) Të enjten

(*To read the sentences for this exercise see the Answer Key, page 233.*)

4.5. Me pak fjalë tregoni se çfarë bëni gjatë javës.
In a few words tell us what you do during the week.

____

____

____

____

____

4.6. Me pak fjalë tregoni se çfarë do të bëni këtë të dielë.
In a few words tell us what you will do this Sunday.

____

____

____

____

____

Famous Albanians

The Frashëri Brothers (Abdyl, Sami, and Naim Frashëri) were very active during the Albanian national renaissance movement in the late nineteenth century. All three became leaders in the Albanian nationalist movement for autonomy from the Ottoman Empire and fought for the Albanians' right to write and speak their own language. **Naim** was to become one of Albania's greatest poets.

MËSIMI 5
LESSON 5

NË RESTORANT
AT A RESTAURANT

In this lesson you will learn:

how to order at a restaurant

demonstrative pronouns

the definite and indefinite form of nouns

how to differentiate between feminine and masculine adjectives

numbers from 100 to 1000

1: 22

DIALOGU 5.1: NË RESTORANT

1: 23

Drini, Mira dhe Besa janë në restorant.

Besa: Kjo sallata është e shijshme.

Drini: Edhe ky byreku me spinaq është i mirë.

Vjen kamerieri. Besa po shikon menynë.

Kamerieri: Çfarë dëshironi të porositni tjetër, zonjushë?

Besa: Dua patëllxhan të mbushur dhe një gotë ujë, ju lutem.

Kamerieri: Po ju, zonjushë?

Mira: Unë dua fërgesë dhe çaj me limon, ju lutem.

Kamerieri: Po ju, zotëri? Çfarë dëshironi?

Drini: Unë dua mish pule me pilaf dhe një gotë ujë.

Vjen kamerieri me ushqimin.

Besa: Mmmm, kjo gjella me patëllxhan është vërtet shumë e mirë. Dua të mësoj se si ta gatuaj.

Mira: Po të duash e gatuajmë bashkë të shtunën.

Besa: Shumë mirë! Më parë duhet të bëjmë pazarin të premten. Drini, a do të vish me mua të bëjmë pazarin?

Drini: Me shumë kënaqësi, Besa.

DIALOGUE 5.1: AT A RESTAURANT

Drini, Mira and Besa are at a restaurant.

Besa: This salad is delicious.

Drini: This spinach pie is good, too.

The waiter comes. Besa is looking at the menu.

Waiter: What else would you like to order, Miss?

Besa: I want stuffed eggplant and a glass of water, please.

Waiter: How about you, Miss?

Mira: I want *fërgesë* and lemon tea, please.

Waiter: What about you, sir? What would you like?

Drini: I want chicken (*lit:* chicken meat) with rice pilaf and a glass of water.

Waiter returns with the food.

Besa: Mmmm, this eggplant dish is really very good. I want to learn how to cook it.

Mira: If you want, we can cook it together on Saturday.

Besa: Very good! First, we should do the shopping on Friday. Drini, will you come with me to do the shopping?

Drini: With much pleasure, Besa.

FJALOR
VOCABULARY

byrek [bü·*rek*] *m* pie (meat or vegetable pie)
çaj [chay] *m* tea
dëshiroj [duh·shee·*roy*] to desire
duhet [*doo*·het] should, must
e shijshme [e *sheey*·shme] tasty, delicious
fërgesë [fuhr·*ge*·suh] *f* beef stew with cottage cheese and onions
gjellë [*dye*·lluh] *f* dish, meal, stew
gotë [*go*·tuh] *f* glass (*as in* "a glass of water")
i mirë [ee *mee*·ruh] good
ju lutem [yoo *loo*·tem] please
kamerier [ka·me·ree·*er*] *m* waiter
limon [lee·*mon*] *m* lemon
me mua [me *moo*·a] with me
më parë [muh *pa*·ruh] at first
më vonë [muh *vo*·nuh] later
meny [me·*nü*] *f* menu
mish [meesh] *m* meat
patëllxhan [pa·tuhll·*jan*] *m* eggplant
pilaf [pee·*laf*] *m* rice pilaf
po [po] if
porosit [po·ro·*seet*] to order
pule [*poo*·le] from a chicken
sallatë [sa·*lla*·tuh] *f* salad
se si [se see] how
shikoj [shee·*koy*] to look at
spinaq [spee·*nachy*] *m* spinach
ta gatuaj / gatuaj [ta ga·*too*·ay] to cook it / to cook
të mbushur [*mboo*·shoor] stuffed
tjetër [*tye*·tuhr] else
ujë [*oo*·yuh] *m* water
ushqim [oosh-*chyeem*] *m* food

vërtet [vuhr·*tet*] really
vjen / vij [vyen / veey] (he) comes / to come
zonjushë [zo·*ñoo*·shuh] *f* Miss
zotëri [zo·tuh·*ree*] *m* sir, Mr.

SHPREHJE EXPRESSIONS

byrek me spinaq	spinach pie (*lit:* pie with spinach)
Çfarë dëshironi të porositni?	What would you like to order? (*lit*: What do you wish to order?)
gjellë me patëllxhan	eggplant dish (*lit*: stew with eggplant)
një gotë ujë	a glass of water (*lit*: a glass water)
ju lutem	please (*lit*: I beg you)
çaj me limon	lemon tea (*lit*: tea with lemon)
po të duash	if you want, if you would like
më parë	at first
me shumë kënaqësi	with much pleasure

1:24
NË RESTORANT AT A RESTAURANT

aperitiv [a·pe·ree·*teev*] *m* appetizer
biftek [beef·*tek*] *m* beef steak
birrë [*bee*·rruh] *f* beer
darkë [*dar*·kuh] *f* dinner
drekë [*dre*·kuh] *f* lunch
ëmbëlsirë [uhm·buhl·*see*·ruh] *f* dessert
faturë [fa·*too*·ruh] *f* bill, check
gjel deti [dyel *de*·tee] *m* turkey
kafe [*ka*·fe] *f* coffee

koktej [kok·*tey*] *m* cocktail
krem karamel [krem ka·ra·*mel*] *m* crème caramel
lugë [*loo*·guh] *f* spoon
mëngjes [muhn·*dyes*] *m* breakfast
meze [*me*·ze] *f* appetizer
mish viçi [meesh *vee*·chee] *m* beef
pecetë [pe·*tse*·tuh] *f* napkin
peshk [peshk] *m* fish
pije [*pee*·ye] *n, f* drink
pirun [pee·*roon*] *m* fork
pjatë [*pya*·tuh] *f* plate
raki [ra·*kee*] *f* traditional Albanian alcoholic drink similar to tequila
sanduiç [san·doo·*eech*] *m* sandwich
thikë [*thee*·kuh] *f* knife
tortë [*tor*·tuh] *f* cake
verë [*ve*·ruh] *f* wine

Besa po ha *drekë* në shtëpi.
Besa is eating *lunch* at home.

Drini do një *pecetë*.
Drini wants a *napkin*.

Ky *aperitivi* është shumë i mirë.
This *appetizer* is very good.

Mira porosit *peshk*.
Mira orders *fish*.

GRAMATIKË
GRAMMAR

PËREMRAT
PRONOUNS

Përemrat dëftorë
Demonstrative pronouns

this these that those

Demonstrative pronouns in Albanian are used to point out a particular person or object that can be close (*this/these*) or far (*that/those*). In most cases they are followed by a noun and have the same gender and number as the noun they modify.

Masculine Singular	Feminine Singular
ky this	**kjo** this
ai that	**ajo** that

***Ky* është libri im.** *This* is my book.
***Kjo* është shoqja ime.** *This* is my friend.
***Ai* byreku është i mirë.** *That* pie is good.
***Ajo* sallata është e shijshme.** *That* salad is delicious.

USHTRIM
EXERCISE

5.1. Plotësoni fjalitë me emrat e duhur dëftorë.
Fill in the sentences with the correct demonstrative pronouns.

a) (ky/kjo) ____________ sallata është e shijshme.

b) (ky/kjo) ____________ është shoku im.

c) (ai/ajo) ___________ byreku është i shijshëm.

d) (ai/ajo) ___________ gjella është e mirë.

e) (ky/kjo) ____________ është shoqja ime.

1: 25

DIALOGU 5.2: MË VONË NË RESTORANT

1: 26

Kamerieri: Si është ushqimi?

Mira: Gjithçka është shumë e shijshme, faleminderit.

Kamerieri: A dëshironi ëmbëlsirë?

Besa: Po, a mund ta shikoj menynë, ju lutem?

Vajzat shikojnë menynë për një moment.

Besa: Unë do të marr bakllava.

Drini: Unë po marr krem karamel.

Mira: Unë dua akullore. Dhe tri kafe, ju lutem.

Kamerieri kthehet me ëmbëlsirat dhe kafetë.

Kamerieri: Ja ëmbëlsirat dhe kafetë. Ja dhe fatura. Faleminderit që erdhët në restorantin tonë.

Besa: Jam shumë e kënaqur. Faleminderit për ftesën!

Drini: S'ka përse, Besa. Paguajmë ne!

Besa: Oh, jo. Në asnjë mënyrë!

Mira: S'ka gjë se ti do të blesh ushqimet për fundjavën që vjen.

Besa: Faleminderit. Jeni shumë bujarë!

DIALOGUE 5.2: LATER AT THE RESTAURANT

Waiter: How is the food?

Mira: Everything is very delicious, thank you!

Waiter: Would you like dessert?

Besa: Yes, may I see the menu, please?

The girls look at the menu for a moment.

Besa: I'll take the baklava.

Drini: I am taking crème caramel.

Mira: I want ice cream. And three coffees, please.

The waiter returns with the desserts and coffee.

Waiter: Here are the dessert and coffee. Here is the bill, too. Thank you for coming to our restaurant.

Besa: I am very pleased! Thanks for the invite!

Drini: You are welcome, Besa. We pay!

Besa: Oh, no! By no means!

Mira: Don't worry because you'll be getting the groceries for the coming weekend.

Besa: Thank you! You are very generous!

FJALOR VOCABULARY

akullore [a·koo·*llo*·re] *f* ice cream
asnjë [as·*ñuh*] no, none
bakllava [bak·lla·*va*] *f* baklava
blej [bley] to buy
bujar [boo·*yar*] generous
e kënaqur [kuh·*na*·chyoor] *f* pleased
erdhët [*er*·thuht] you came
fundjavë [*foond*·ya·vuh] *f* weekend
gjë [dyuh] *f* thing, something
gjithçka [dyeeth·*chka*] everything
ja [ya] here
marr [marr] to take
mënyrë [muh·*nü*·ruh] *f* manner, way, means
përse [puhr·*se*] for what reason
s'ka [ska] there isn't
tri *f* / **tre** *m* [tree / tre] three (*The number "three" in Albanian agrees in gender with the noun it refers to*)
vajza [*vay*·za] *f* girls

SHPREHJE EXPRESSIONS

për një moment	for a moment
ja	here it is, here you are
S'ka përse.	You are welcome. (*lit*: There is no reason why.)
Në asnjë mënyrë.	By no means. (*lit:* In no way.)
S'ka gjë.	Don't worry.; It's okay.; Not a problem. (*lit:* There is nothing.)

1: 27

NUMRAT NË SHQIP
NUMBERS IN ALBANIAN

Numrat me nga njëqind nga 100 (njëqind) deri në 1000 (një mijë)
Numbers by one hundred from 100 (one hundred) to 1,000 (one thousand)

Number	Albanian	Pronunciation
100	**njëqind**	[ñuh·*chyeend*]
200	**dyqind**	[dü·*chyeend*]
300	**treqind**	[tre·*chyeend*]
400	**katërqind**	[ka·tuhr·*chyeend*]
500	**pesëqind**	[pe·suh·*chyeend*]
600	**gjashtëqind**	[dyash·tuh·*chyeend*]
700	**shtatëqind**	[shta·tuh·*chyeend*]
800	**tetëqind**	[te·tuh·*chyeend*]
900	**nëntëqind**	[nuhn·tuh·*chyeend*]
1000	**një mijë**	[ñuh *mee*·yuh]

GRAMATIKË
GRAMMAR

EMRAT
NOUNS

Përemrat e shquar dhe të pashquar
Definite and indefinite nouns

A noun denotes a person, animal, thing, place, or abstract idea. All nouns in Albanian have a gender. They usually are feminine or masculine with a few neuters. Nouns also have a *definite* and *indefinite* form. In English, we place the word *the* before a noun to make it definite, and *a* or *an* to make it indefinite:

chair: the chair *def* a chair *indef*

In Albanian, as a general rule, the definite singular masculine nouns have an **-i** or **-u** at the end of the word and the definite singular feminine nouns have an **-a**. Masculine nouns that in the indefinite form end with a **-k, -g, -h**, or an accented **-i** add a **-u** in their definite form:

Indefinite	Definite
restorant *m* (a) restaurant	**restoranti** the restaurant
sallatë *f* (a) salad	**sallata** the salad
byrek *m* (a) pie	**byreku** the pie

Besa po gatuan *byrek* me spinaq.
Besa is cooking *a* spinach *pie.*

***Byreku* me spinaq është shumë i shijshëm.**
The spinach *pie* is very delicious.

Singular nouns in their indefinite form sometimes are preceded by the indefinite article **një** *a*.

Masculine Indefinite	Masculine Definite
(një) restorant (a) restaurant	**restoranti** the restaurant
(një) byrek (a) pie	**byreku** the pie
(një) libër (a) book	**libri** the book

Feminine Indefinite	Feminine Definite
(një) sallatë (a) salad	**sallata** the salad
(një) gjellë (a) meal	**gjella** the meal
(një) shoqe (a) friend	**shoqja** the friend

Shënim/Note: Masculine nouns that end in **-ër** in their indefinite form drop the **-ë** in their definite form, e.g. **libër – libri**. When used in the definite form, feminine nouns that end with an **-e** in their indefinite form drop the **-e** and add a **-j** before the ending **-a**, e.g. **shoqe – shoqja**.

Ky është *një restorant* i mirë.
This is *a* good *restaurant.*

Drini, Besa dhe Mira shkojnë në *restorant.*
Drini, Besa and Mira go to *a restaurant.*

Kjo është *shoqja ime,* Besa.
This is *my friend*, Besa.

***Nëna ime* është shqiptare.**
My mother is Albanian.

Po kërkoj *një libër* në shqip.
I am looking for *a book* in Albanian.

Po vjen *kamerieri.*
The waiter is coming.

MBIEMRAT
ADJECTIVES

An adjective denotes a feature or attribute of a person or thing: *good friend*, *delicious pie*. In Albanian, adjectives take the gender and number of the nouns they modify. So the same adjective will have a different form depending on the noun it modifies.

Unlike adjectives in English, which precede the noun they define, adjectives in Albanian come after the noun. Many adjectives in Albanian are always preceded by an article. The article is actually considered part of the adjective even though it grammatically agrees with the preceding noun (it is practically shared by the noun and the adjective). Masculine adjectives are preceded by the article **i** and feminine adjectives are preceded by the article **e**.

Masculine Singular	Feminine Singular
byrek i shijshëm delicious pie	**sallatë e shijshme** delicious salad
shoku i mirë the good friend	**shoqja e mirë** the good friend

Kjo është *gjellë e shijshme.* This is a *delicious* meal.
Drini është *shok i mirë.* Drini is *a good friend.*
Ky është *byrek i shijshëm.* This is *a delicious pie.*

Shënim/Note: Adjectives that end in **-ëm** drop the **-ë** and take an **-e** at the end when used with a feminine noun, e.g.:

i shijshëm – e shijshme

USHTRIME
EXERCISES

5.2. Vendosni emrat e mëposhtëm në trajtën *e shquar*.
Write the following nouns in the *definite* form.

Shembull Example:

libër – libri

a) restorant ______________________

b) sallatë ______________________

c) shoqe ______________________

d) byrek ______________________

e) kamerier ______________________

f) zonjushë ______________________

g) gjellë ______________________

h) nënë ______________________

1: 28

5.3. Dëgjoni fjalitë në audio dhe thoni e nënvizoni mbiemrin e duhur.
Listen to the sentences on the audio and say and underline the correct adjective.

Shembull Example:

Mira është shoqe (i mirë / <u>e mirë</u>).

a) Besa është (i lodhur / e lodhur).

b) Gjella me patëllxhan është (i shijshëm / e shijshme).

c) Byreku me spinaq është (i mirë / e mirë).

d) Drini është shok (i mirë / e mirë).

e) Bledi është (i lodhur / e lodhur).

1: 29

5.4. Dëgjoni fjalitë në disk dhe zgjidhni përgjigjen e duhur.
Listen to the sentences on the CD and select the correct answer.

i. Ku janë Drini, Mira dhe Besa?
a) restorant
b) shtëpi
c) shkollë
d) apartament

ii. Si është kjo sallata?
a) e shijshme
b) e lodhur
c) e mirë
d) shumë e mirë

iii. Si është byreku me spinaq?
a) i lodhur
b) i shijshëm
c) shumë i mirë
d) i mirë

iv. Çfarë porosit Besa?
a) fërgesë
b) çaj me limon
c) patëllxhan të mbushur
d) mish pule

(*To read the sentences for this exercise see the Answer Key, page 233.*)

5.5. Përgjigjjuni pyetjeve të mëposhtme.
Answer the following questions.

a) A janë në restorant Drini, Mira dhe Besa?

____

b) A është e shijshme sallata?

____

c) Po byreku si është?

____

d) Çfarë porosit Besa?

____

e) Po Drini dhe Mira çfarë porositin?

____

f) Është e mirë gjella me patëllxhan?

____

g) Çfarë do të bëjnë Besa, Mira dhe Drini të shtunën?

____

h) Çfarë ëmbëlsire porosit Besa?

____

i) Çfarë ëmbëlsire porosit Drini?

____

j) Çfarë ëmbëlsire porosit Mira?

____

5.6. Përktheni në anglisht.
Translate into English.

a) Drini, Mira dhe Besa janë në restorant.

____

b) Kjo sallata është e shijshme.

____

c) Ky byreku me spinaq është i mirë.

____

d) Vjen kamerieri.

____

e) Unë dua fërgesë dhe çaj me limon, ju lutem.

____

f) Me shumë kënaqësi.

____

g) A mund ta shikoj menynë?

____

h) Faleminderit për ftesën.

____

i) Në asnjë mënyrë.

____

j) Jeni shumë bujarë.

____

Famous Albanians

Anthony Athanas (Antoni Athanas) (1912-2005) arrived in America with his family as a young child in 1915 and became famous in the restaurant industry. His most renowned restaurant, Anthony's Pier 4, has been instrumental in the rebuilding of Boston's historic waterfront.

MËSIMI 6
LESSON 6

NË TREG
AT THE MARKET

In this lesson you will learn:

basic vocabulary for shopping

numbers 20 and over

how the plural of nouns is formed

how to conjugate the irregular verbs **dua** *to want* and **shes** *to sell*

how to use the Albanian lek

1:30

DIALOGU 6.1: NË TREG

1:31

Të premten Drini dhe Besa takohen në treg.

Drini: Çfarë duhet të blejmë, Besa?

Besa: Duhet të blejmë qepë, hudhra, speca, domate, patëllxhanë dhe mish të grirë.

Ata shikojnë perimet.

Besa: Sa janë këto domatet?

Shitësja: Një mijë lekë kilja. Sa kile doni?

Besa: Dua një kile. Dua dhe një gjysmë kile qepë dhe tri kokrra hudhra. Sa kushtojnë gjithsej?

Shitësja: Gjithsej kushtojnë një mijë e nëntëqind lekë. A doni një qese?

Besa: Po, ju lutem. Shumë faleminderit.

Shitësja: S'ka përse.

Drini: Besa, specat dhe patëllxhanët janë këtu.

Besa: Mirë. Do të blej një kile speca dhe tre patëllxhanë.

Drini: Besa, ky dyqani këtu shet mish të grirë.

Drini dhe Besa blejnë një kile mish të grirë dhe, me trasta në duar, shkojnë në shtëpi.

DIALOGUE 6.1: AT THE MARKET

On Friday Drini and Besa meet at the market.

Drini: What do we need to buy, Besa?

Besa: We need to buy onions, garlic, bell peppers, tomatoes, eggplants, and ground meat.

They look at the vegetables.

Besa: How much are these tomatoes?

Seller: One thousand *leks* per kilo. How many kilos do you want?

Besa: I want one kilo. I also want half a kilo of onions and three heads of garlic. How much do they cost total?

Seller: The total is nineteen hundred leks. Would you like a bag?

Besa: Yes, please. Thank you very much.

Seller: You are welcome.

Drini: Besa, the bell peppers and eggplants are here.

Besa: Okay. I will buy one kilo of bell peppers and three eggplants.

Drini: Besa, this store here sells ground meat.

Drini and Besa buy a kilo of ground meat and, with bags in their hands, go home.

(**Shënim**/Note: When Albanians say "ground meat," it could refer to ground lamb or ground beef.)

FJALOR
VOCABULARY

domate [do·*ma*·te] *f* tomatoes
duar [*doo*·ar] *f* hands
dyqan [dü·*chyan*] *m* store
gjithsej [dyeeth·*sey*] total
hudhra [*hooth*·ra] *f, pl* garlic
këto [kuh·*to*] *f* these
kile [*kee*·le] kilos
kokrra [*ko*·krra] *f, pl* heads (e.g. of garlic)
kushtoj [koosh·*toy*] to cost
lekë [*le*·kuh] *m, pl* Albanian currency
perime [pe·*ree*·me] *f* vegetables
përse [puhr·*se*] for what reason
qepë [*chye*·puh] *f* onions
qese [*chye*·se] *f* (plastic) bag
shes [shes] to sell
shitëse [*shee*·tuh·se] *f* seller
speca [*spe*·tsa] *m* bell peppers
të grirë [tuh *gree*·ruh] ground
trasta [*tras*·ta] *f* bags
treg [treg] *m* market

SHPREHJE
EXPRESSIONS

Sa janë ...?	How much are ...?
një gjysmë kile	half a kilo
... lekë kilja	... lek per kilo
Sa kushton?	How much does it cost?

1:32

USHQIME TË ZAKONSHME
COMMON FOODS

Shënim/Note: Many fruit and vegetable names in Albanian have the same form both in singular and plural, e.g. **një mollë** *one apple*, **dy mollë** *two apples*.

Fruta
Fruits

banane [ba·*na*·ne] *f* banana(s)
dardhë/a [*dar*·thuh / *dar*·tha] *f* pear(s)
fik [feek] *m, sing* fig; **fiq** [feechy] *pl* figs
ftua [*ftoo*·a] *m, sing* quince; **ftonj** [ftoñ] *pl* quinces
kajsi [kay·*see*] *f* apricot(s)
kumbull/a [*koom*·booll / *koom*·boo·lla] *f* plum(s)
luleshtrydhe [loo·le·*shtrü*·the] *f* strawberry, strawberries
man/a [man / *ma*·na] *m* berry, berries
mollë [*mo*·lluh] *f* apple(s)
pjeshkë [*pyesh*·kuh] *f* peach(es)
portokall/e [por·to·*kall* / por·to·*ka*·lle] *n, m* orange(s)
qershi [chyer·*shee*] *f* cherry, cherries
rrush [rroosh] *m* grape(s)

Këto *bananet* janë shumë të mira.
These *bananas* are very good.

Besa blen *kumbulla*.
Besa buys *plums*.

Drini po ha *luleshtrydhe*.
Drini is eating *strawberries*.

Sa kushtojnë *pjeshkët*?
How much do the *peaches* cost?

Perime
Vegetables

angjinare [an·dyee·*na*·re] *f* artichoke(s)
bamje [*ba*·mye] *f* okra
bathë [*ba*·thuh] *f* fava beans
bizele [bee·*ze*·le] *f* green peas
lulelakër jeshile [loo·le·*la*·kuhr ye·*shee*·le] *f* broccoli (*lit*: green cauliflower)
karotë/a [ka·*ro*·tuh / ka·*ro*·ta] *f* carrot(s)
kastravec/a [kas·tra·*vets* / kas·tra·*ve*·tsa] *m* cucumber(s)
kërpudhë/a [kur·*poo*·thuh / kur·*poo*·tha] *f* mushroom(s)
kungull [*koon*·gooll] / **kunguj** [*koon*·gooy] *m* zucchini, squash
lakër [*la*·kuhr] *f, sing* cabbage; **lakra** [*la*·kra] *pl* cabbages
lulelakër [loo·le·*la*·kuhr] *f, sing* cauliflower; **lulelakra** [loo·le·*la*·kra] *pl* cauliflowers
mashurka [ma·*shoor*·ka] *f* green beans
patate [pa·*ta*·te] *f* potato(es)
pras [pras] *m, sing* leek; **presh** [presh] *pl* leeks
sallatë jeshile [sa·*lla*·tuh ye·*shee*·le] *f* (green) lettuce
spec/a [spets / *spe*·tsa] *m* pepper(s)

Dua të gatuaj gjellë me *bamje*.
I would like to cook a stew with *okra*.

Mira do të blejë *bathë*.
Mira will buy *fava beans*.

Besa duhet të blejë *karota*.
Besa needs to buy *carrots*.

***Sallata jeshile* kushton dhjetë lek kilja.**
The lettuce costs ten leks per kilo.

Mish dhe peshk
Meat and fish

lepur [*le*·poor] *m* rabbit
mish derri [meesh *de*·rree] *m* pork
mish pule [meesh *poo*·le] *m* poultry
mish qengji [meesh *chyen*·dyee] *m* lamb
mish viçi [meesh *vee*·chee] *m* beef, veal
paçe [*pa*·che] *f* tripe
pastërma derri [pas·tuhr·*ma de*·rree] *f* bacon
patë [*pa*·tuh] *f* goose
peshk [peshk] *m* fish
pulë [*poo*·luh] *f* chicken
rosë [*ro*·suh] *f* duck
salsiçe [sal·*see*·che] *f* sausage
sallam [sa·*llam*] *m* salami
sardele [sar·*de*·le] *f* sardines
troftë [*trof*·tuh] *f* trout

Drini nuk ha *mish derri*.
Drini does not *eat pork*.

Dua të porosis *peshk*, ju lutem.
I would like (*lit:* I want) to order *fish*, please.

Bledi porosit *mish pule*.
Bledi orders *chicken*.

Sa kushton *sallami*?
How much does *the salami* cost?

Bulmetra
Dairy

ajkë [*ay*·kuh] *f* cream
djathë [*dya*·thuh] *m* cheese
djathë i bardhë [*dya*·thuh ee *bar*·thuh] *m* cheese (feta)
gjalpë [*dyal*·puh] *m* butter

kos [kos] *m* yogurt
qumësht [*chyoo*·muhsht] *m* milk
vezë [*ve*·zuh] *f* eggs

Mira nuk ha *kos*.
Mira does not eat *yogurt*.

Besa ha *vezë* në mëngjes.
Besa eats *eggs* in the morning.

Brumëra dhe ëmbëlsira
Baked Goods and Desserts

biskotë [bis·*ko*·tuh] *f* biscuit, cookie
bukë [*boo*·kuh] *f* bread
çokollatë [cho·ko·*lla*·tuh] *f* chocolate
ëmbëlsirë [uhm·buhl·*see*·ruh] *f* dessert, pie
karamele [ka·ra·*me*·le] *f* candy
kek [kek] *m* cake
komposto frutash [kom·*pos*·to *froo*·tash] *f* fruit compote
mjaltë [*myal*·tuh] *m* honey
pasta [*pas*·ta] *f, pl* pastry
reçel [re·*chel*] *m* jam
simite [see·*mee*·te] *f, pl* rolls

Shqiptarët e hanë shumë *bukën*.
Albanians eat *bread* a lot.

Kjo *ëmbëlsira* me mollë është shumë e mirë.
This apple *dessert* is very good.

Në mëngjes unë ha bukë me *mjaltë*.
In the morning, I eat bread with *honey*.

A keni *reçel*?
Do you have *jam*?

Use of the Albanian *Lek*

When buying something in Albania, prices are sometimes given in *old leks*. *One new lek* equals *10 old leks*. So if you are buying something that costs *80 leks* in new *lek* you will probably be told that it costs *800 leks*.

Domatet kushtojnë njëqind lekë kilja.
The tomatoes cost one hundred *lek* a kilo.

Sa lekë kushtojnë perimet?
How many *leks* do the vegetables cost?

NUMRAT NË SHOIP
NUMBERS IN ALBANIAN

1: 33

NUMRAT 20 E LART
NUMBERS 20 AND OVER

Numbers over 20 in Albanian follow the same pattern all the way to the highest number. Each number is added by using the conjunction **e** *and*. When referring to a year, you do not say "nineteen seventy-five" for 1975. You say **një mijë e nëntëqind e shtatëdhjetë e pesë** ***one thousand nine hundred and seventy-five.*** Here are some examples:

Number	Albanian
21	**njëzet e një** twenty and one
63	**gjashtëdhjetë e tre** sixty and three
104	**njëqind e katër** one hundred and four
113	**njëqind e trembëdhjetë** one hundred and thirteen
154	**njëqind e pesëdhjetë e katër** one hundred and fifty-four
1007	**një mijë e shtatë** one thousand and seven

1012	**një mijë e dymbëdhjetë** one thousand and twelve
2035	**dy mijë e tridhjetë e pesë** two thousand and thirty-five
4354	**katër mijë e treqind e pesëdhjetë e katër** four thousand and three hundred and fifty-four

GRAMATIKË
GRAMMAR

EMRAT
NOUNS

Numri shumës i emrave
The plural form of nouns

In Albanian there are two groups of nouns based on the way they form their *plural* in the *indefinite* form:

1. Nouns that do not change when they become plural:

 një qepë an onion **disa qepë** some onions

2. Nouns that change when they become plural:

 një kamerier a waiter **disa kamerierë** some waiters

Below are examples of how feminine and masculine nouns form their plural. They are grouped *based on the suffix they take* when they change from singular to plural. Because the rules of forming the plural of nouns require a deeper knowledge of Albanian grammar, it is recommended that the plural forms be memorized at this stage.

Masculine Indefinite

no change

sing **(një) mësues** [muh·*soo*·es] (a) teacher
pl **(disa) mësues** (some) teachers

sing **(një) nxënës** [*ndzuh*·nuhs] (a) pupil
pl **(disa) nxënës** (some) pupils

add -ë

sing **(një) amerikan** (an) American
pl **(disa) amerikanë** (some) Americans

sing **(një) patëllxhan** (an) eggplant
pl **(disa) patëllxhanë** (some) eggplants

add -e

sing **(një) dyqan** (a) store
pl **(disa) dyqane** (some) stores

sing **(një) restorant** (a) restaurant
pl **(disa) restorante** (some) restaurants

add -a

sing **(një) spec** (a) pepper
pl **(disa) speca** (some) peppers

sing **(një) telefon** (a) phone
pl **(disa) telefona** (some) phones

Feminine Indefinite

no change

sing **(një) qepë** (an) onion
pl **(disa) qepë** (some) onions

sing **(një) enë** (a) dish
pl **(disa) enë** (some) dishes

sing **(një) domate** (a) tomato
pl **(disa) domate** (some) tomatoes

sing **(një) perime** (a) vegetable
pl **(disa) perime** (some) vegetables

change -ë to -a

sing **(një) nënë** (a) mother
pl **(disa) nëna** (some) mothers

sing **(një) trastë** (a) bag
pl **(disa) trasta** (some) bags

change -ër to -ra
sing **(një) hudhër** (a) garlic
pl **(disa) hudhra** (some) garlic

sing **(një) motër** (a) sister
pl **(disa) motra** (some) sisters

Dua të blej dy *patëllxhanë.*
I want to buy two *eggplants*.

Këtu ka disa *restorante.*
Here there are several *restaurants*.

Besa dhe Drini blejnë *perime.*
Besa and Drini buy *vegetables*.

Ajo ka dy *trasta* në duar.
She has two *bags* in her hands.

Ai ka dy *motra.*
He has two *sisters*.

For their *definite* form all nouns, both masculine and feminine, form their plural by adding **–t(ë)** to the end of their indefinite plural form. (Again, note that there is no definite article equivalent to the English *the* added before the definite plural nouns.)

Masculine Plural

indef **(disa) amerikanë** (some) Americans
def **amerikanët** the Americans

indef **(disa) patëllxhanë** (some) eggplants
def **patëllxhanët** the eggplants

indef **(disa) dyqane** (some) stores
def **dyqanet** the stores

indef **(disa) restorante** (some) restaurants
def **restorantet** the restaurants

indef **(disa) speca** (some) peppers
def **specat** the peppers

indef **(disa) telefona** (some) phones
def **telefonat** the phones

Feminine Plural

indef **(disa) qepë** (some) onions
def **qepët** the onions

indef **(disa) enë** (some) dishes
def **enët** the dishes

indef **(disa) domate** (some) tomatoes
def **domatet** the tomatoes

indef **(disa) perime** (some) vegetables
def **perimet** the vegetables

indef **(disa) nëna** (some) mothers
def **nënat** the mothers

indef **(disa) trasta** (some) bags
def **trastat** the bags

indef **(disa) hudhra** (some) garlic
def **hudhrat** the garlic

indef **(disa) motra** (some) sisters
def **motrat** the sisters

indef **(disa) shtëpi** (some) houses
def **shtëpitë** the houses

indef **(disa) çati** [cha·*tee*] (some) roofs
def **çatitë** the roofs

***Amerikanët* flasin anglisht.**
Americans speak English.

***Specat* janë të shijshëm.**
The bell peppers are delicious.

***Perimet* kushtojnë një mijë lekë.**
The vegetables cost a thousand *leks*.

Mira po lan *rrobat*.
Mira is washing *the clothes*.

FOLJET
VERBS

Foljet e parregullta
Irregular verbs

Several Albanian verbs are *irregular*. Below is the conjugation of two of them in the simple present tense:

dua (to want)

	Singular	Plural
1st	**unë dua** I want	**ne duam** we want
2nd	**ti do** you want	**ju doni** you want
3rd	**ai/ajo do** he/she wants	**ata/ato duan** they want

shes (to sell)

	Singular	Plural
1st	**unë shes** I sell	**ne shesim** we sell
2nd	**ti shet** you sell	**ju shisni** you sell
3rd	**ai/ajo shet** he/she sells	**ata/ato shesin** they sell

USHTRIME
EXERCISES

6.1. Vendosni emrat njëjës të pashquar në numrin shumës të pashquar.
Change the singular indefinite nouns to their indefinite plural form.

Shembull Example:

një amerikan <u>disa amerikanë</u>

a) një shok ________________________________

b) një shoqe ________________________________

c) një inxhinier________________________________

d) një spec ________________________________

e) një shkollë ________________________________

f) një perime ________________________________

g) një dyqan ________________________________

h) një motër ________________________________

i) një apartament ________________________________

j) një telefon ________________________________

k) një trastë ________________________________

6.2. Vendosni emrat e pashquar shumës në trajtën e shquar shumës.

Change the following indefinite plural nouns to their definite plural form.

Shembull **Example:**

disa amerikanë amerikanët

a) disa rroba ________________________________

b) disa gazeta ________________________________

c) disa televizorë ________________________________

d) disa byrekë ________________________________

e) disa gota ______________________________

f) disa familje ______________________________

g) disa dyqane ______________________________

h) disa motra ______________________________

i) disa restorante ______________________________

j) disa telefona ______________________________

k) disa trasta ______________________________

6.3. Plotësoni fjalitë e mëposhtme me formën e duhur të foljes në kllapa.

Complete the following sentences with the correct form of the verb in parentheses.

Shembull **Example:**

Ai (dua) __________ të blejë perime.
Ai __do__ të blejë perime.

a) Ne (dua) ________ të blejmë domate.

b) Sa kile domate (dua) ________ të blini?

c) Ai (dua) ____________ një kile speca.

d) Ata (shes) ________ mish të grirë.

e) Çfarë (shes) ________ ju?

f) Unë (shes) ________ patëllxhanë.

g) Shitësja (shes) ___________ perime.

1:34

6.4. Dëgjoni audio dhe plotësoni dialogun e mëposhtëm.
Listen to the audio and complete the following dialogue.

Të premten Drini dhe Besa takohen në _________.

Drini: __________ duhet të blejmë, Besa?

Besa: __________ qepë, hudhra, speca, domate, patëllxhanë dhe mish të grirë.

Ata shikojnë ___________.

Besa: Sa ________ këto domatet?

Shitësja: Një mijë lekë kilja. Sa kile ______?

Besa: _______ një kile. Sa kushtojnë ___________?

Shitësja: Gjithsej ___________ një mijë e nëntëqind lekë.

Besa: Shumë __________.

Shitësja: S'ka ________.

(*To read the sentences for this exercise see the Answer Key, page 234.*)

6.5. Përktheni në anglisht.
Translate into English.

a) Drini dhe Besa takohen në treg.

____

b) Ata shikojnë perimet.

____

c) Sa janë këto domatet?

____

d) Sa kile doni?

____

e) Dua një kile.

____

f) Sa kushtojnë gjithsej?

____

g) S'ka përse.

____

h) Ky dyqani shet mish të grirë.

____

i) Me trasta në duar.

____

j) Besa dhe Drini shkojnë në shtëpi.

____

Famous Albanians

Aleksandër Moisiu (1879-1935) was a famous Albanian actor well known for playing the role of Fedya in Tolstoy's *The Living Corpse*, which he performed fourteen hundred times all over Europe and the Americas.

MËSIMI 7
LESSON 7

NË KUZHINË
IN THE KITCHEN

In this lesson you will learn:

how to give simple commands

cooking terms

how to use the modal verbs **mund** *can* and **duhet** *should*

how to use the direct object

how to form the imperative

1: 35

DIALOGU 7.1: NË KUZHINË

1: 36

Të shtunën paradite Mira, Bledi dhe Drini shkojnë te shtëpia e Besës. Ata do të gatuajnë gjellë me patëllxhan.

Besa: **Mezi pres që të fillojmë gatimin.**

Drini: **Kurse unë mezi pres që të hamë!**

Mira: **Le të fillojmë atëherë. Besa, ku janë perimet?**

Besa: **Janë në frigorifer. Ti dhe Drini mund të lani perimet. Unë po ndez sobën.**

Bledi: **Po unë si mund të ndihmoj?**

Mira: **Ti mund të grish hudhrat dhe qepët.**

Besa: **Soba është gati. Çfarë duhet të bëjmë tani?**

Mira: **Tani duhet të grijmë perimet e tjera.**

DIALOGUE 7.1: IN THE KITCHEN

Saturday morning Mira, Bledi, and Drini go to Besa's house. They will cook an eggplant dish.

Besa: I can hardly wait to start cooking.

Drini: Whereas I can hardly wait for us to eat!

Mira: Let's start then. Besa, where are the vegetables?

Besa: They are in the refrigerator. You and Drini can wash the vegetables. I am turning on the stove.

Bledi: And me, how can I help?

Mira: You can chop the garlic and onions.

Besa: The stove is ready. What should we do now?

Mira: Now we should chop the other vegetables.

FJALOR
VOCABULARY

atëherë [a·tuh·*he*·ruh] then
e tjera [e *tye*·ra] other
filloj [fee·*lloy*] to start
frigorifer [free·go·ree·*fer*] *m* refrigerator
gati [*ga*·tee] ready
gatim [ga·*teem*] *n, m* cooking
gatuaj [ga·*too*·ay] to cook
grij [greey] to chop
ku [koo] where
kuzhinë [koo·*zhee*·nuh] *f* kitchen
le [le] let's
mezi [me·*zee*] hardly
ndez [ndez] to turn on
ndihmoj [ndeeh·*moy*] to help
paradite [pa·ra·*dee*·te] in the morning
pres [pres] to wait
sobë [*so*·buh] *f* stove
te [te] to

SHPREHJE
EXPRESSIONS

mezi pres	I can hardly wait
Le të fillojmë.	Let's start.
Si mund të ndihmoj?	How can I help?
është gati	is ready

1:37

TERMA GATIMI
COOKING TERMS

hedh [he<u>*th*</u>] to pour
laj [lay] to wash
mbush [mboosh] to stuff
përziej [puhr·*zee*·ey] to mix
pjek [pyek] to bake, to broil
pjek në skarë [pyek nuh *ska*·ruh] to grill
pres [pres] to cut
qëroj [chyuh·*roy*] to peel
shtyp [shtüp] to mash
skuq [skoochy] to fry, to sauté
ziej [*zee*·ey] to boil

Besa *po grin* qepët.
Besa *is chopping* the onions.

Drini *po përzien* gjellën.
Drini *is stirring* the stew.

Tani duhet *të qërojmë* patatet.
Now we need *to peel* the potatoes.

Gjella *po zien* mbi sobë.
The meal *is boiling* on the stove.

GRAMATIKË
GRAMMAR

FOLJET
VERBS

Foljet ndihmëse
Modal verbs

In English, the modal verbs ***can, need to, should, must*** give additional information about the *mood* of the main verb that follows them. They help to add a level of *necessity* or *possibility*:

must = obligation, requirement, no choice
should = recommendation
can/could = it is possible
may/might = option, choice

Compare the following two sentences:

He ***helps*** his mother make the beds.
FACT

He ***can help*** his mother make the beds.
NOT A FACT, but rather a POSSIBILITY

In the first sentence above, *he helps* is in the *indicative* mood, which is the mood for stating facts or certainty. The second sentence above—*he can help*—uses the modal verb *can,* which expresses *possibility*, not certainty or fact.

Likewise, in Albanian, the same modal verbs express modality—the notions of *possibility* or *necessity*—in other words, the attitude of the speaker towards the action expressed by the main verb. They are:

mund can; to be able to
duhet need to; should; must

In general, modal verbs in Albanian are followed by a verb in the *subjunctive mood*:

modal verb	+	**main verb in the subjunctive**
mund *can*	+	**të flas** *speak*

Please note that verbs in the subjunctive mood in Albanian are always preceded by the particle **të**.

The modal verb is not conjugated—it *stays the same*—and only the main verb is conjugated. All verbs, with the exception of **jam** *to be*, **kam** *to have*, and **them** *to say*, receive the same endings when used in the subjunctive mood. These endings are underlined in the following chart:

mund (can)
mund të ndihmoj (I can help)

Singular

1st	**unë mund të ndihmo<u>j</u>**
2nd	**ti mund të ndihmo<u>sh</u>**
3rd	**ai/ajo mund të ndihmo<u>jë</u>**

Plural

1st	**ne mund të ndihmo<u>jmë</u>**
2nd	**ju mund të ndihmo<u>ni</u>**
3rd	**ata/ato mund të ndihmo<u>jnë</u>**

Ai *mund* të ndihmojë në shtëpi.
He *can* help at home.

Ajo *mund* të ndihmojë në kuzhinë.
She *can* help in the kitchen.

Drini *mund* të lajë perimet.
Drini *can* wash the vegetables.

Ti *mund* të përgatisësh drekën.
You *can* prepare lunch.

duhet (need to / must / should)
duhet të bëj (I need to do / I should do / I must do)

	Singular	Plural
1st	**unë duhet të bëj**	**ne duhet të bëjmë**
2nd	**ti duhet të bësh**	**ju duhet të bëni**
3rd	**ai/ajo duhet të bëjë**	**ata/ato duhet të bëjnë**

Çfarë *duhet* të bëjmë tani?
What *should* we do now?

Tani *duhet* të lajmë perimet.
Now we *need to* wash the vegetables.

Ajo *duhet* të pastrojë apartamentin.
She *needs to* clean the apartment.

duhet (need to / must / should)
duhet të laj (I need to wash / I should wash / I must wash)

	Singular	Plural
1st	**unë duhet të laj**	**ne duhet të lajmë**
2nd	**ti duhet të lash**	**ju duhet të lani**
3rd	**ai/ajo duhet të lajë**	**ata/ato duhet të lajnë**

Ju *duhet* të lani perimet.
You *need to* wash the vegetables.

Unë *duhet* të punoj.
I *must* work.

Ti *duhet* të lexosh.
You *should* read.

Forma negative e foljeve ndihmëse
Negative of modal verbs

The negative of modal verbs is formed by adding **nuk** *not* in front of the model verb.

Unë *nuk* mund të ndihmoj.	I can *not* help.
Ai *nuk* mund të ndihmojë.	He can *not* help.

Kundrinori i drejtë
The direct object

In Albanian, as in English, the direct object is an object/person/animal upon whom/which an action falls. This object/person/animal is the *receiver of the action.*

subject	verb	direct object
Unë	**ndez**	**sobën.**
I	turn on	the stove.

Unë *I* is the subject, the doer of the action. **Ndez** *turn on* is the verb which expresses the action. **Sobën** *the stove* is the direct object, the receiver of the action, the thing upon which the action falls. The direct object is generally a definite noun in the *accusative case.*

In some languages, *case* is one of several possible forms of a noun, pronoun, or adjective that indicates its function in a sentence. The *accusative case* indicates that the noun or pronoun is the *direct object* of the main verb. In English the form of the noun does not change in the *accusative case*:

The stove is on. I turn on *the stove.*

In the first sentence above, *the stove* is the subject; in the second sentence it is the direct object. However, *the stove* does not change.

In Albanian, however, nouns, pronouns, and adjectives change form according to their *case*, that is, their function in the sentence:

Nom.	***Soba* është gati.**	*The stove* is ready.
Acc.	**Unë ndez *sobën.***	I turn on *the stove.*

In the first sentence, **soba** *the stove* is the subject and therefore in the nominative case. In the second sentence, ***sobën*** *the stove* is in the accusative case because it is the direct object.

In the indefinite form, the accusative case is identical to the nominative case:

Singular

	Masculine Indefinite	Feminine Indefinite
Nom.	**(një) frigorifer** (a) refrigerator	**(një) sobë** (a) stove
Acc.	**(një) frigorifer** (a) refrigerator	**(një) sobë** (a) stove

Nom. ***Një libër* është këtu.**
A book is here.
Acc. **Unë kam *një libër*.**
I have *a book*.

Nom. ***Një mollë* është e shijshme.**
An apple is delicious.
Acc. **Ai po ha *një mollë*.**
He is eating *an apple*.

Plural

	Masculine Indefinite	Feminine Indefinite
Nom.	**patëllxhanë** eggplants	**domate** tomatoes
Acc.	**patëllxhanë** eggplants	**domate** tomatoes

Nom. **Disa *shoqe* të Besës janë shqiptare.**
Some *friends* of Besa's are Albanian.
Acc. **Ti ke shumë *shoqe* në Shqipëri.**
You have a lot of *friends* in Albania.

Nom. **Disa *libra* janë në shqip.**
Some *books* are in Albanian.
Acc. **Duhet të lexoj disa *libra* në anglisht.**
I need to read some *books* in English.

In the definite singular form, masculine nouns add an **–n(ë)** in the accusative case. Feminine nouns that end in **-a** or **-ra** in the definite change to **-ën** or **-rën** in the accusative case:

Singular

	Masculine Definite	Feminine Definite
Nom.	**frigoriferi** the refrigerator	**soba** the stove
Acc.	**frigoriferin** the refrigerator	**sobën** the stove

Nom. ***Frigoriferi*** **është plot.**
The refrigerator is full.
Acc. **Besa pastron** ***frigoriferin.***
Besa cleans *the refrigerator.*

Nom. ***Soba*** **është gati.**
The stove is ready.
Acc. **Mira ndez** ***sobën.***
Mira turns on *the stove.*

The definite plural form of the accusative is identical to the definite plural nominative:

Plural

	Masculine Definite	Feminine Definite
Nom.	**specat** the bell peppers	**perimet** the vegetables
Acc.	**specat** the bell peppers	**perimet** the vegetables

Nom. ***Specat*** **janë të shijshëm**
The bell peppers are delicious.
Acc. **Mira grin** ***specat.***
Mira chops *the bell peppers.*

Nom. ***Perimet*** **janë gati.**
The vegetables are ready.
Acc. **Bledi lan** ***perimet.***
Bledi washes *the vegetables.*

USHTRIME
EXERCISES

7.1. Plotësoni fjalitë e mëposhtme me formën e duhur të foljes 'mund' ose 'duhet' të ndjekur nga folja në lidhore.

Complete the following sentences with the correct form of either **mund** *can* or **duhet** *must/should/need to* followed by the main verb in the subjunctive.

Shembull Example:

Drini (mund + laj) __________ perimet.
Drini mund të lajë perimet.

a) Besa (duhet + ndez) ___________ sobën.

b) Po unë si (mund + ndihmoj) ________ ?

c) Ti (mund + grij) ________ qepët.

d) Çfarë (duhet + bëj) ________ ata?

e) Ata (duhet + laj) ________ specat, domatet dhe patëllxhanët.

f) Ajo nuk (mund + ndihmoj) __________.

7.2. Vendosni emrat në kllapa në rasën kallëzore.

Put the nouns in parentheses in the accusative case.

Shembull Example

Drini lan (perime) ___________.
Drini lan **perimet**.

a) Mira lan (qepë) ______________________.

b) Besa ndez (sobë) ___________________.

c) Bledi grin (hudhra) ________________.

d) Besa pastron (frigorifer) ________________.

e) Ata lajnë (qepë) ________________.

f) Ne po përgatisim (perime) ________________.

g) Bledi pastron (apartament) ________________.

h) Mira lexon (gazetë) ________________.

1:38

DIALOGU 7.2: MË VONË NË KUZHINË

1:39

Mira: Hidh pak vaj ulliri në tigan dhe vëre mbi sobë.

Drini: Specat, domatet dhe patëllxhanët janë gati.

Mira: Shumë mirë. Tani duhet të skuqim perimet.

Drini: Bledi, merri perimet dhe hidhi në tigan.

Mira: Tani duhet të hedhim mishin e grirë. Drini, sille këtu mishin e grirë. Besa, ndize furrën, hidhe gjellën në një tavë dhe fute në furrë. Do të jetë gati për një orë.

Besa: Shumë faleminderit për ndihmën. Do hamë një drekë të shijshme!

Mira: S'ka përse, Besa.

Pas një ore.

Besa: Tava duhet të jetë bërë tani.

Mira: Po, besoj se po. Nxirre nga furra ta shikojmë.

Drini: Mmmm. Sa erë e mirë! Jam gati të ha.

Mira: Po, po është bërë. Drini, merr pjatat. Jemi gati për të ngrënë!

DIALOGUE 7.2: LATER IN THE KITCHEN

Mira: Pour a little bit of olive oil in the pan and put it on the stove.

Drini: The bell peppers, tomatoes, and eggplants are ready.

Mira: Very good, now we need to sauté the vegetables.

Drini: Bledi, take the vegetables and throw them in the pan.

Mira: Now we need to throw in the ground meat. Drini, bring the ground meat here. Besa, turn on the oven, pour the food in the baking dish, and put it in the oven. It will be ready in an hour.

Besa: Thank you very much for the help. We will have a delicious lunch!

Mira: You are welcome, Besa.

After an hour

Besa: The casserole should be done now.

Mira: Yes, I believe so. Take it out of the oven to check it.

Drini: Mmmm. What a nice smell! I am ready to eat.

Mira: Yes, yes it's done. Drini, get the plates. We're ready to eat!

FJALOR
VOCABULARY

erë [*e*·ruh] *f* smell
furrë [*foo*·rruh] *f* oven
fute [*foo*·te] *imp* / **fus** [foos] put it in / to put in
hidh [hee*th*] *imp* / **hedh** [he*th*] pour, throw / to pour, to throw
mbi [mbee] on
merri [*me*·rree] *imp* / **marr** [marr] take them / to take
ndihmë [*ndeeh*·muh] help
nxirre [*ndzee*·rre] *imp* / **nxjerr** [ndzyerr] take it out / to take out
pak [pak] a little
pas [pas] after
për të ngrënë [puhr tuh *ngruh*·nuh] to eat, for eating
sille [*see*·lle] *imp* / **sjell** [syell] bring it / to bring
shikoj [shee·*koy*] to watch, to check
tavë [*ta*·vuh] *f* baking dish, casserole
tigan [tee·*gan*] *m* frying pan
vaj ulliri [vay oo·*llee*·ree] *m* olive oil
vëre [*vuh*·re] *imp* / **vë** put it / to put

SHPREHJE
EXPRESSIONS

për një orë	in an hour
pas një ore	in an hour (*lit:* after an hour)
duhet të jetë bërë	it should be done
besoj se po	I believe so, I think so
Sa erë e mirë!	What a nice smell!

GRAMATIKË
GRAMMAR

FOLJET
VERBS

Mënyra urdhërore
The imperative mood

We've spoken about the indicative mood of verbs, which is used for stating a fact, and the subjunctive mood for main verbs that follow modal verbs such as **mund** *can* and **duhet** *should/must/need to*. Let's look at another mood of verbs—the *imperative*.

Verbs in the imperative mood express the desire of the speaker in the form of an *order*, *request*, or *advice*. The imperative mood is only used in the second person singular and plural. All verbs in the second person plural in the imperative have the same form as in the present tense of the indicative:

Plural	
Indicative	**Imperative**
ju lexoni you *pl* read	**lexoni!** read!
ju merrni you *pl* take	**merrni!** take!
Ju *lexoni* shqip.	You *read* Albanian.
***Lexoni*!**	*Read*!

In the second person singular in the imperative, only a small number of verbs have the same form as in the present tense of the indicative:

Singular	
Indicative	**Imperative**
ti ha you eat	**ha!** eat!
ti di you know	**di!** know!
ti merr you take	**merr!** take!
Ti *ha* shumë fruta.	You *eat* a lot of fruit.
***Ha*!**	*Eat*!

Some other verbs change the **-e-** or **-je-** of their stem in the indicative into the vowel **-i-** in the imperative:

Singular

Indicative	**Imperative**
ti hedh you pour	**hidh!** pour!
ti sjell you bring	**sill!** bring!

Ti *sjell* shumë perime në treg.
You *bring* a lot of vegetables to the market.

***Sill* perime në treg!**
Bring vegetables to the market!

EMRAT
NOUNS

Mënyra urdhërore me kundrinor të drejtë
Imperative with a direct object

When the noun that follows the imperative verb is in the definite singular, the direct object particle -**e** is added at the end of the verb in singular and before the ending **-ni** in the plural.

Singular	Plural
hidhe vajin	**hidheni vajin**
pour (it) the oil	pour (it) the oil
merre tavën	**merreni tavën**
take (it) the pan	take (it) the pan

***Hidhe* vajin në tigan!** *Pour* (it) the oil in the pan!

***Ndizeni* furrën!** *Turn on* (it) the oven!

When the noun that follows the imperative verb is in the definite plural, the same rule applies but in this case the plural direct object particle -**i** is used:

Singular	Plural
merri perimet	**merrini perimet**
take (them) the vegetables	take (them) the vegetables
hidhi specat	**hidhini specat**
throw in (them) the peppers	throw in (them) the peppers

Bledi, *silli* këtu patatet!
Bledi, *bring* the potatoes here!

Bledi dhe Drini, *sillini* pjatat!
Bledi and Drini, *bring* the plates!

***Merri* perimet!** *Take* the vegetables!

***Merrini* domatet!** *Take* the tomatoes!

Often the direct object in its full form is implied by the context and only the particles **e** and **i** are used with the imperative:

***Vëre* mbi sobë!** *Put it* on the stove!
***Pastrojeni*!** *Clean it*!
***Merri*!** *Take them*!
***Hidhini*!** *Throw them away*!

USHTRIME EXERCISES

7.3. Vendosni foljet në kllapa në mënyrën urdhërore.
Put the verbs in parentheses in the imperative mood.

Shembull Example:

Drini, (hedh) ___________ pak vaj ulliri në tigan!
Drini, ___**hidh**___ pak vaj ulliri në tigan!

a) Drini, (vë) _________________ tiganin mbi sobë!

b) Besa, (hedh) ________________ hudhrat dhe qepët!

c) Bledi, (merr) ________________ specat e grirë dhe (hedh) ______________ në tigan!

d) Drini, (sjell) _________________ këtu mishin e grirë!

e) Besa dhe Bledi, (ndez) ___________________ furrën!

f) Besa dhe Drini, (fut) _________________ tavën në furrë!

1: 40

7.4. Dëgjoni fjalitë në audio dhe zgjidhni përgjigjen e duhur.
Listen to the sentences on the audio and select the correct answer.

i. Ku shkojnë Mira, Bledi dhe Drini?
  a) Te shtëpia e Besës
  b) Te shtëpia e Drinit
  c) Te shtëpia e Bledit
  d) Te shtëpia e Mirës

ii. Ku janë perimet?
  a) Në sobë
  b) Në tigan
  c) Në frigorifer
  d) Në tavë

iii. Çfarë mund të bëjë Drini?
  a) Të marrë mishin
  b) Të ndezë sobën
  c) Të qërojë hudhrat
  d) Të lajë perimet

iv. Çfarë duhet të hedhë Besa në tigan?
  a) Qepë
  b) Ujë
  c) Vaj ulliri
  d) Patate

v. Ku e hedhin gjellën ata?
  a) Në tigan
  b) Në sobë
  c) Në furrë
  d) Në tavë

vi. Ku e vë Besa tavën?
  a) Në sobë
  b) Në furrë
  c) Mbi sobë
  d) Në frigorifer

(*To read the sentences for this exercise see the Answer Key, page 235.*)

7.5. Përktheni në anglisht.
Translate into English.

a) Ku janë perimet?

____

b) Janë në frigorifer.

____

c) Po unë si mund të ndihmoj?

____

d) Soba është gati.

____

e) Çfarë duhet të bëjmë tani?

____

f) Tani duhet të grijmë perimet.

____

g) Specat, domatet dhe patëllxhanët janë gati.

____

h) Shumë faleminderit për ndihmën.

____

i) S'ka përse.

____

Cultural Tip

Invitation to a Home

There are usually two kinds of invitations you will receive to go to an Albanian home:

A visit. This is usually a mid-morning or mid-afternoon visit. During such a visit you are offered candy, chocolate, fruit (if it is in season), and alcoholic or nonalcoholic drinks as a welcome to the home. **Raki** [ra·kee] is the typical Albanian alcoholic drink. It is similar to tequila and can be very strong. It is polite to say "no" several times to anything offered to you, even if you don't really mean it. Every time you say "no" the host will keep offering the same thing to you or offer you something new. These offers will keep coming until you eat something. Although you may not necessarily want anything, the polite thing to do is to accept something your host is offering you. It is also all right to accept something and save it for later. If you have enjoyed your visit and lunch or dinner approaches, then your host may ask you to stay for the meal. Again, the polite thing to do is to say "no" and wait to be asked again by your host to stay. If you decline and give a good reason why you can't stay, then you are free.

Invitation to a meal. When you are invited for a meal at an Albanian home, be prepared to be offered course after course of dishes followed by one or two courses of dessert and possibly fruit at the end. Throughout the meal, you will often be encouraged by your hosts to eat more. Even if you are completely full, they will want you to eat more. This is their way of making sure that you feel welcome in their home.

Many questions. It is part of the Albanian culture to want to get to know the guest as much as possible. As a result, expect to be asked all kinds of questions about yourself, your family, your profession, and your interests in life. Don't be surprised if you are asked questions like "How much money do you make?", "Do you live in a big house?", or "Are you married or single?". Even though they might seem intrusive to you, they are very common questions asked by Albanians of someone they meet for the first time.

MËSIMI 8
LESSON 8

ME PUSHIME
ON VACATION

In this lesson you will learn:

several expressions used when going on vacation,
taking a bus, taking a taxi
the seasons and months of the year
how to use the participle
how to form the present perfect tense
the declension of nouns

2: 1

DIALOGU 8.1: BESA SHKON ME PUSHIME

2: 2

Te stacioni i autobusit

Tani është qershor dhe ka ardhur vera. Besa e ka mbaruar shkollën për këtë vit dhe ka vendosur të shkojë me pushime. Ajo është te stacioni i autobusit.

Besa: **Më falni, ku shkon ky autobusi?**

Shoferi: **Në Krujë. Ku doni të shkoni ju?**

Besa: **Në Durrës. Ka ardhur autobusi i Durrësit?**

Shoferi: **Po ka ardhur. Është ai atje. Nxitoni se niset për pesë minuta.**

Besa: **Shumë faleminderit!**

Shoferi: **S'ka përse. Udhë të mbarë!**

DIALOGUE 8.1: BESA GOES ON VACATION

At the bus stop

Now it is June and summer has come. Besa has finished school for this year and has decided to go on vacation. She is at the bus stop.

Besa: Excuse me, where does this bus go?

Driver: To Krujë. Where do you want to go?

Besa: To Durrës. Has the Durrës bus arrived?

Driver: Yes, it has arrived. It is that one there. Hurry because it leaves in five minutes.

Besa: Thank you very much.

Driver: You are welcome. Have a good trip!

FJALOR
VOCABULARY

atje [a·*tye*] there
autobus [a·oo·to·*boos*] *m* bus
mbaroj [mba·*roy*] to finish
Durrës [*doo*·rruhs] *Albanian city on the Adriatic coast*
e mbarë [e *mba*·ruh] good
fal [fal] to excuse
ka ardhur [ka *ar*·thoor] has come
ka vendosur [ka ven·*do*·soor] has decided
Krujë [*Kroo*·yuh] *town in western Albania*
më [muh] me
minuta [mee·*noo*·ta] *f* minutes
nisem [*nee*·sem] to start going, to leave
nxitoj [ndzee·*toy*] to hurry
pushime [poo·*shee*·me] *m, pl* vacation
qershor [chyer·*shor*] June
shofer [sho·*fer*] *m* driver
stacion [sta·tsee·*on*] *m* (bus) stop, station
udhë [*oo*·thuh] *f* trip; road
verë [*ve*·ruh] *f* summer
vit [veet] *m* year

SHPREHJE
EXPRESSIONS

për këtë vit	for the year (*lit:* for this year)
shkoj me pushime	to go on vacation (*lit*: to go with vacations)
më falni	excuse me
niset për pesë minuta	leaves in five minutes (*lit*: starts for five minutes)
udhë të mbarë	have a good trip (*lit*: good trip)

2:3

STINËT E VITIT
SEASONS OF THE YEAR

pranverë [pran·*ve*·ruh] *f* spring
verë [*ve*·ruh] *f* summer
vjeshtë [*vyesh*·tuh] *f* fall, autumn
dimër [*dee*·muhr] *m* winter

Në *vjeshtë* Besa shkon në shkollë.
In the *fall* Besa goes to school.

Në *verë* ne jemi me pushime.
In the *summer* we are on vacation.

2:4

MUAJT E VITIT
MONTHS OF THE YEAR

Shënim/Note: The names of the months are not capitalized in Albanian.

janar [ya·*nar*] January
shkurt [shkoort] February
mars [mars] March
prill [preell] April
maj [may] May
qershor [chyer·*shor*] June
korrik [ko·*rreek*] July
gusht [goosht] August
shtator [shta·*tor*] September
tetor [te·*tor*] October
nëntor [nuhn·*tor*] November
dhjetor [thye·*tor*] December

Ata do të shkojnë me pushime në *gusht*.
They will go on vacation in *August*.

Ju do të shkoni në shkollë në *shtator*.
You will go to school in *September*.

Drini do të shkojë në Kosovë në *dhjetor*.
Drini will go to Kosovo in *December*.

GRAMATIKË
GRAMMAR

FOLJET
VERBS

Pjesorja
The participle

The participle is that form of the verb used to form the perfect tenses in Albanian. The perfect tense of a verb describes an action that is complete. For example, when we say, "*I have bought a book,*" "*have bought*" is in the present perfect tense and describes an action that is complete, meaning "*I have bought the book and I have it in my possession at the present,*" In this sentence "*bought*" is the participle.

Verbs that end with **-oj** in the infinitive drop the **-oj** and add **-uar** when used as participles:

Infinitive	Participle
dëshiroj to desire	**dëshiruar** desired (*as in 'have desired'*)
jetoj to live	**jetuar** lived
ndihmoj to help	**ndihmuar** helped
pastroj to clean	**pastruar** cleaned

Ne kemi *jetuar* në Tiranë për tre muaj.
We have *lived* in Tirana for three months.

Ju e keni *ndihmuar* shumë nënën.
You have *helped* mother a lot.

Many verbs that end with a consonant form their participle by adding the ending –**ur**:

Infinitive	Participle
vendos to decide	**vendosur** decided (*as in 'have decided'*)
ndez to turn on	**ndezur** turned on
pjek to bake	**pjekur** baked
porosit to order	**porositur** ordered

Ato kanë *vendosur* të shkojnë me pushime.
They have *decided* to go on vacation.

Unë kam *porositur* fërgesë.
I have *ordered* fërgesë.

Bledi ka *ndezur* sobën.
Bledi has *turned on* the stove.

Participles of certain verbs are formed in an irregular manner. It is recommended that the participles of the verbs given below be memorized for now.

Present Tense	Participle
vij to come	**ardhur** come
fle to sleep	**fjetur** slept
flas to speak	**folur** spoken

Unë kam *ardhur* me autobus.
I have *come* by bus.

Kemi *fjetur* shumë.
We have *slept* a lot.

Ai ka *folur* në telefon me familjen.
He has *spoken* on the phone with the family.

Koha e kryer
Present perfect tense

As mentioned earlier, the present perfect tense describes an action or state that has been completed at the time of speaking. As in English, the present perfect tense in Albanian is formed by combining the present tense of the verb **kam** *to have* plus the participle of the main verb: **kam + participle**.

jetoj (to live)

	Singular	Plural
1st	**unë kam jetuar** I have lived	**ne kemi jetuar** we have lived
2nd	**ti ke jetuar** you have lived	**ju keni jetuar** you have lived
3rd	**ai/ajo ka jetuar** he/she has lived	**ata/ato kanë jetuar** they have lived

vij (to come)

	Singular	Plural
1st	**unë kam ardhur** I have come	**ne kemi ardhur** we have come
2nd	**ti ke ardhur** you have come	**ju keni ardhur** you have come
3rd	**ai/ajo ka ardhur** he/she has come	**ata/ato kanë ardhur** they have come

The negative form of the present perfect tense is formed by adding **nuk** *not* in front of the verb **kam** *to have*. For example:

Unë *nuk* kam ardhur.	I have *not* come.
Ai *nuk* ka ardhur.	He has *not* come.
Sot *nuk* kam fjetur.	I have *not* slept today.

USHTRIME
EXERCISES

2: 5

8.1. Dëgjoni fjalitë në audio dhe përgjigjjuni pyetjeve të mëposhtme.

Listen to the sentences on the audio and answer the following questions.

a) Çfarë është tani?

____

b) Ku është Besa?

____

c) Ku do të shkojë Besa?

____

d) Kur niset autobusi?

____

(*To read the sentences for this exercise see the Answer Key, page 236.*)

8.2. Vini foljet në kllapa në kohën e kryer.

Put the verbs given in parentheses in the present perfect tense.

Shembull **Example:**

Besa (shkoj) __________ me pushime në Shqipëri
Besa __ka shkuar__ me pushime në Shqipëri

a) Është qershor dhe (vjen) ______________ vera.

b) Besa (vendos) ______________ të shkojë me pushime.

c) Unë (pjek) ________________ një byrek me spinaq.

d) Ata nuk (fle) ________________ sot pasdite.

e) Autobusi nuk (vij) ______________ në stacion.

f) Ne (jetoj) _______________ në Tiranë për dhjetë muaj.

g) A (flas) ________________ ju me familjen në telefon?

2: 6

DIALOGU 8.2: BESA MERR TAKSI

2: 7

Besa zbret nga autobusi dhe shkon te taksitë.

Shoferi i taksisë: **Ku doni të shkoni, zonjushë?**

Besa: **Dua të shkoj te hotel Adriatiku.**

Shoferi i taksisë: **Pa problem fare. Ju çoj unë menjëherë.**

Besa: **Shumë mirë.**

Pas pak minutash.

Shoferi i taksisë: **Arritëm, zonjushë. Ky është hoteli.**

Besa: **Shumë faleminderit. Sa kushton taksia?**

Shoferi i taksisë: **Njëqind lekë të reja.**

Besa i jep lekët shoferit. Shoferi merr lekët dhe e falënderon Besën. Besa hyn në hotel.

DIALOGUE 8.2: BESA TAKES A TAXI

Besa gets off the bus and goes to the taxies.

Taxi Driver: Where do you want to go, miss?

Besa: I want to go to the Adriatiku hotel.

Taxi Driver: No problem at all. I will take you there immediately.

Besa: Very good.

A few minutes later.

Taxi Driver: We arrived, miss. This is the hotel.

Besa: Thank you very much. How much does the taxi cost?

Taxi Driver: One hundred new leks.

Besa gives the money to the driver. The driver takes the money and thanks Besa. Besa goes in the hotel.

FJALOR VOCABULARY

Adriatiku [a·dree·a·*tee*·koo] *the name of the hotel*
arrij [a·*rreey*] to arrive
çoj [choy] to take (someone/something somewhere)
falënderoj [fa·luhn·de·*roy*] to thank (someone)
fare [*fa*·re] at all
hotel [ho·*tel*] *m* hotel
hyj [hüy] to go in, to enter
jap [yap] / **jep** [yep] to give / gives
menjëherë [me·ñuh·*he*·ruh] immediately
pa [pa] no, without any
problem [pro·*blem*] *m* problem
taksi [ta·*ksee*] *f* taxi
të reja [tuh *re*·ya] *pl* new
zbres [zbres] to get off

SHPREHJE EXPRESSIONS

marr taksi	to take a taxi
pa problem fare	no problem at all (*lit*: without any problem at all)
pas pak minutash	a few minutes later (*lit*: after a few minutes)
arritëm	we have arrived (*lit*: we arrived)

GRAMATIKË
GRAMMAR

EMRAT
NOUNS

Lakimi i emrave
The declension of nouns

All nouns are declined in Albanian—that is, they change form depending on their function in a sentence. We've already introduced the nominative and accusative cases. Nouns that take the same set of case endings are grouped together into a class, or *declension*. There are four different declensions of nouns in Albanian and five different cases.

The five cases are: **rasa emërore** *the nominative case*, **rasa gjinore** *the genitive case*, **rasa dhanore** *the dative case*, **rasa kallëzore** *the accusative case*, and **rasa rrjedhore** *the ablative case*. Below is a short description of each case:

Rasa emërore / The nominative case: the noun in the nominative case is the subject of the sentence. It usually answers the question 'who?' or 'what?'. For example:

autobusi niset the bus leaves

The noun **autobusi** *bus* here is in the nominative case. It is the doer of the action (leaving) and it answers the question: What leaves? The bus leaves.

Rasa gjinore / The genitive case: the noun in the genitive case defines a relationship with another noun which could be possession, belonging, a trait, characteristic, often behaving like an adjective. It usually answers the question 'whose?' or 'which?' or 'what?' and its function is comparable to the possessive case in English. In this case the noun is always preceded by a connective article. For example:

shtëpia e Mirës the house *of Mira* / *Mira's* house

The noun **e Mirës** *of Mira* is in the genitive case. The *house* belongs to *Mira*. It answers the question: Which / Whose house? Mira's house. In our example **e** is the connective article.

Rasa dhanore / The dative case: the noun in the dative case is the indirect object of the sentence, someone or something upon whom or which the action falls indirectly. It usually answers the question 'to whom?' or 'to what?' or 'to which?'. For example:

> **Besa i jep lekët <u>shoferit</u>.**
> Besa gives the money to *the driver*.

The noun **shoferit** *to the driver* is in the dative case. It is the indirect object and answers the question: To whom does Besa give the money? To the driver.

Rasa kallëzore / The accusative case: the noun in the accusative case is usually the direct object of the sentence, someone or something upon whom or which the action falls directly. It usually answers the question 'whom?' or 'what?'. For example:

> **Besa i jep <u>lekët</u> shoferit.**
> Besa gives *the money* to the driver.

The noun **lekët** *the money* is in the accusative case. It is the direct object and answers the question: What does Besa give to the driver? The money.

Rasa rrjedhore / The ablative case: the noun in the ablative case can describe a cause, place, time, means, etc. It usually answers the question 'where?' or 'when?' or 'from whom?' or 'from what?' etc. The noun in the ablative case is often preceded by a preposition. For example:

> **Taksitë janë pranë <u>hotelit</u>.**
> The taxies are close to *the hotel*.

The noun **hotel** *hotel* is in the ablative case. It describes a place and answers the question 'where?': Where are the taxies? Close to the hotel.

USHTRIME
EXERCISES

2: 8

8.3. Dëgjoni fjalitë në audio dhe përgjigjjuni pyetjeve të mëposhtme.

Listen to the sentences on the audio and write down your answers.

a) Ku shkon Besa?

____

b) Çfarë merr Besa?

____

c) Sa kushton taksia?

____

d) Çfarë i jep Besa shoferit?

____

e) Ku hyn Besa?

____

(*To read the sentences for this exercise see the Answer Key, page 236.*)

8.4. Gjeni rasën e emrit të nënvizuar.

Identify the case of the underlined noun.

Shembull Example:

Besa është te stacioni i autobusit. genitive

a) Besa ka vendosur të shkojë me pushime. ______________

b) Autobusi i Durrësit është ai atje. ____________________

c) Besa merr taksi. ____________________

d) Besa i jep lekët shoferit. ____________________

e) Shoferi merr lekët. ____________________

f) Shoferi falënderon Besën. ____________________

g) Taksitë janë pranë hotelit. ____________________

8.5. Përktheni në anglisht.
Translate into English.

a) Tani është qershor dhe ka ardhur vera.

____

b) Besa është te stacioni i autobusit.

____

c) Më falni.

____

d) Ku shkon ky autobusi?

____

e) Autobusi niset për pesë minuta.

____

f) Udhë të mbarë!

____

g) Besa merr taksi.

____

h) Ajo zbret nga autobusi dhe shkon te taksitë.

____

i) Pa problem fare.

____

j) Sa kushton taksia?

____

k) Shoferi merr lekët dhe e falënderon Besën.

____

Famous Albanians

Mother Teresa (Agnes Gonxhe Bojaxhiu) (1910-1997), a catholic nun and Nobel Peace Prize winner in 1979, she became well known for her work of charity among the poorest of the poor. She has touched thousands of lives with her compassion and love.

MËSIMI 9
LESSON 9

KU ËSHTË BANKA?
WHERE IS THE BANK?

In this lesson you will learn:

how to ask for directions

the prepositions used for each case in Albanian

how to withdraw money at the bank

the three declensions of singular nouns

2: 9

DIALOGU 9.1: KU ËSHTË BANKA?

2: 10

Besa ka vendosur të udhëtojë nëpër Shqipëri. Ajo duhet të gjejë një bankë sepse duhet të tërheqë të holla. Për këtë ajo pyet sportelistin e hotelit.

Besa: Mirëmëngjes.

Sportelisti: Mirëmëngjes. Ditë e bukur sot, apo jo?

Besa: Po, shumë e bukur. Mund të më ndihmoni me diçka?

Sportelisti: Posi, patjetër. Për çfarë keni nevojë?

Besa: Dua të di se ku është banka.

Sportelisti: Banka është këtu afër. Kur të dilni nga hoteli, kthehuni djathtas dhe ecni drejt. Te semafori kthehuni majtas. Ecni dhe nja dhjetë metra dhe do ta shikoni bankën në të majtë pranë supermarketit.

Besa: Në të majtë pranë supermarketit?

Sportelisti: Po, te rruga Naim Frashëri. Është vetëm pesë minuta me këmbë.

Besa e falënderon sportelistin dhe niset për në bankë.

DIALOGUE 9.1: WHERE IS THE BANK?

Besa has decided to travel around Albania. She needs to find a bank because she needs to withdraw money. She asks the hotel receptionist about this.

Besa: Good morning.

Receptionist: Good morning. A beautiful day today, isn't it?

Besa: Yes, very beautiful. Can you help me with something?

Receptionist: Yes, of course. What do you need?

Besa: I want to know where the bank is.

Receptionist: The bank is close by here. When you get out of the hotel, turn right and go straight. At the traffic light turn left. Walk about another ten meters and you will see the bank on the left next to the supermarket.

Besa: On the left next to the supermarket?

Receptionist: Yes, on Naim Frashëri street. It's only a five minute walk.

Besa thanks the receptionist and starts going to the bank.

FJALOR VOCABULARY

afër [*a*·fuhr] close
apo [a·*po*] or
bankë [*ban*·kuh] *f* bank
dal [dal] to come out of, to get out, to exit
diçka [deech·*ka*] something
djathtas [*dyath*·tas] *adv* right
drejt [dreyt] straight
eci [*e*·tsee] to walk, to go
gjej [dyey] to find
e bukur [e *boo*·koor] *f* beautiful
këmbë [*kum*·buh] *f* foot
këtë [kuh·*tuh*] this
kthehem [*kthe*·hem] to turn (around)
majtas [*may*·tas] *adv* left
metra [*me*·tra] *m* meters
në të majtë [nuh tuh *may*·tuh] on the left
nëpër [nuh·*puhr*] around, through
nevojë [ne·*vo*·yuh] *n, f* need
nja [ña] about, around, approximately
për në [puhr nuh] to, toward
posi [po·*see*] yes, sure
pranë [*pra*·nuh] close to, next to
pyes [*pü*·es] to ask
rrugë [*rroo*·guh] *f* street
semafor [se·ma·*for*] *m* traffic light
sepse [se·*pse*] because
sot [sot] today
sportelist [spor·te·*leest*] *m* receptionist
supermarket [soo·per·mar·*ket*] *m* supermarket
të holla [tuh *ho*·lla] *nt, pl* money, cash
tërheq [tuhr·*hechy*] to withdraw
udhëtoj [oo·thuh·*toy*] to travel

SHPREHJE
EXPRESSIONS

... apo jo?	... isn't it?
posi patjetër	yes, of course
kam nevojë	to need (*lit:* to have need)
në të majtë	on the left
me këmbë	on foot (*lit:* with feet)

GRAMATIKË
GRAMMAR

PARAFJALËT
PREPOSITIONS

A preposition combines with a noun or pronoun to form a phrase. This prepositional phrase can be used with a verb, noun, pronoun, etc. For example, in English, *with* in the expression *with me*, or *to* in the expression *to the bank*, or *on* in the expression *on the table* are all prepositions.

With the exception of the dative case, in Albanian all other cases have prepositions that are used specifically with the noun in that particular case. This means that a noun that follows a preposition requiring the accusative will be in the accusative. Below is a list of the most common prepositions used with each case:

Case	Preposition	Example
Nom.	**nga** [nga] from	Besa vjen ***nga*** shkolla. Besa comes back *from* school.
	te [te] to	Besa shkon ***te*** shtëpia e Mirës. Besa goes *to* Mira's house.
Gen.	**për shkak** [puhr shkak] because of	Është e lodhur ***për shkak*** të punës. (She) is tired *because of* the work.

Case	Preposition	Example
Acc.	**në** [nuh] in, at	Besa është ***në*** bankë. Besa is *at* the bank.
	me [me] with, by	Është dhjetë minuta ***me*** makinë. It is ten minutes *by* car.
	për [puhr] for	Besa blen një libër ***për*** motrën. Besa buys a book *for* (her) sister.
	mbi [mbee] on	Libri është ***mbi*** divan [dee·*van*]. The book is *on* the couch.
	nën [nuhn] under	Libri është ***nën*** divan. The book is *under* the couch.
Abl.	**prej** [prey] from	Besa tërheq lekë ***prej*** bankës. Besa withdraws money *from* the bank.
	afër [*a*·fuhr] close, next to	Hoteli është ***afër*** bankës. The hotel is *next to* the bank.
	përballë [puhr·*ba*·lluh] across from, opposite	Banka është ***përballë*** supermarketit. The bank is *across from* the supermarket.

USHTRIME
EXERCISES

2: 11

9.1. Dëgjoni fjalitë në audio dhe zgjidhni përgjigjet e duhura.
Listen to the sentences on the audio and select the correct answers.

i. Çfarë ka vendosur të bëjë Besa?
   a) Të lexojë një libër
   b) Të udhëtojë
   c) Të flejë
   d) Të shikojë televizor

ii. Ku do të shkojë Besa?
  a) Në bankë
  b) Në hotel
  c) Në supermarket
  d) Në shtëpi

iii. Ku ndodhet banka?
  a) Pranë supermarketit
  b) Pranë shkollës
  c) Pranë hotelit
  d) Pranë shtëpisë

iv. Sa metra ecën Besa?
  a) Shtatë metra
  b) Dhjetë metra
  c) Katër metra
  d) Njëzet metra

(*To read the sentences for this exercise see the Answer Key, page 237.*)

9.2. Nënvizoni parafjalët në tekstin e mëposhtëm.
Underline the prepositions in the following text.

Besa ka vendosur të udhëtojë me makinë nëpër Shqipëri. Ajo duhet të shkojë në bankë. Banka ndodhet afër hotelit. Hoteli ndodhet përballë supermarketit. Nga hoteli Besa niset për në bankë. Ajo tërheq shumë të holla nga banka. Besa kthehet në hotel dhe i vë lekët mbi krevat. Bie telefoni dhe Besa flet në telefon me Drinin.

2: 12

DIALOGU 9.2: NË BANKË

2: 13

Pasi sportelisti i hotelit i tregon se ku është banka, Besa e gjen bankën dhe hyn brenda.

Arkëtarja: Si mund t'ju ndihmoj, zonjushë?

Besa: Dua të tërheq disa të holla nga llogaria ime.

Arkëtarja: Sa e keni numrin e llogarisë?

Besa: Numri im i llogarisë është: 7810

Arkëtarja: A mund ta shikoj kartën tuaj të identitetit, ju lutem?

Besa i jep kartën e identitetit.

Arkëtarja: Sa lekë doni të tërhiqni?

Besa: Do të tërheq dyzet mijë lekë.

Arkëtarja: Si i doni lekët?

Besa: Pesëqindëshe dhe njëqindëshe.

Arkëtarja: Urdhëroni, zonjushë. Keni nevojë për gjë tjetër?

Besa: Jo. Shumë faleminderit.

Arkëtarja: S'ka përse. Ditën e mirë.

Besa: Ditën e mirë.

DIALOGUE 9.2: AT THE BANK

After the hotel receptionist tells her where the bank is, Besa finds the bank and goes inside.

Teller: How can I help you, miss?

Besa: I want to withdraw some money from my account.

Teller: What is your account number?

Besa: My account number is: 7810

Teller: May I see your ID card, please?

Besa hands her the ID card.

Teller: How much money do you want to withdraw?

Besa: I will withdraw forty thousand leks.

Teller: How would you like the money?

Besa: In five hundred and one hundred bills.

Teller: Here you are, miss. Do you need anything else?

Besa: No, thank you very much.

Teller: You are welcome. Good day.

Besa: Good day.

FJALOR
VOCABULARY

arkëtare [ar·kuh·*ta*·re] *f* teller
brenda [*bren*·da] inside
gjë [dyuh] *f* thing
kartë [*kar*·tuh] *f* card
identitet [ee·den·tee·*tet*] *m* identity
llogari [llo·ga·*ree*] *f* account
njëqindëshe [nyuh·*chyeen*·duh·she] a hundred (*lek* bill)
numër [*noo*·muhr] *m* number
pasi [pa·*see*] after
pesëqindëshe [pe·suh·*chyeen*·duh·she] a five-hundred (*lek* bill)
tregoj [tre·*goy*] to tell
urdhëroni [oor·thuh·*ro*·nee] here you are

SHPREHJE
EXPRESSIONS

Si mund t'ju ndihmoj?	How can I help you?
Si i doni lekët?	How do you want the money?
Urdhëroni!	Here you are!
Ditën e mirë!	(Have a) good day!

GRAMATIKË
GRAMMAR

EMRAT
NOUNS

Lakimi i emrave në njëjës
The declension of singular nouns

In Albanian, singular nouns are declined in their indefinite and definite forms. As we mentioned in our previous lesson, there are four declensions in Albanian. In this lesson we will look at the first, second, and third declensions of singular nouns, which include most of the nouns in Albanian. Please note that nouns that have the same ending, whether feminine or masculine, are always declined in the same way.

Lakimi i parë
The first declension

This declension includes most masculine nouns. For a better understanding of the cases, a review of the previous lesson is recommended.

First declension: masculine nouns ending in a consonant

	Indefinite Singular	**Definite Singular**
Nom.	**(një) hotel** (a) hotel	**hoteli** the hotel
Gen.	**i/e (një) hoteli** of (a) hotel	**i/e hotelit** of the hotel
Dat.	**(një) hoteli** (a) hotel	**hotelit** the hotel
Acc.	**(një) hotel** (a) hotel	**hotelin** the hotel
Abl.	**(një) hoteli** (a) hotel	**hotelit** the hotel

First declension: masculine nouns ending in -ër

	Indefinite Singular	**Definite Singular**
Nom.	**(një) numër** (a) number	**numri** the number
Gen.	**i/e (një) numri** of (a) number	**i/e numrit** of the number
Dat.	**(një) numri** (a) number	**numrit** the number
Acc.	**(një) numër** (a) number	**numrin** the number
Abl.	**(një) numri** (a) number	**numrit** the number

First declension: masculine nouns ending in an accented -a

	Indefinite Singular	**Definite Singular**
Nom.	**(një) vëlla** (a) brother	**vëllai** the brother
Gen.	**i/e (një) vëllai** of (a) brother	**i/e vëllait** of the brother
Dat.	**(një) vëllai** (a) brother	**vëllait** the brother
Acc.	**(një) vëlla** (a) brother	**vëllanë** the brother
Abl.	**(një) vëllai** (a) brother	**vëllait** the brother

***Hoteli* është afër.**
The hotel is close by.

Sa e keni *numrin* e llogarisë?
What is your account *number*?

Dua të blej *një libër* për *vëllain.*
I want to buy *a book* for (my) *brother*.

Lakimi i dytë
The second declension

This declension includes a small number of masculine nouns which end in **-k, -g,** or **-h** in the indefinite nominative case.

Second declension: masculine nouns

	Indefinite Singular	Definite Singular
Nom.	**(një) lek** (a) lek	**leku** the lek
Gen.	**i/e (një) leku** of (a) lek	**i/e lekut** of the lek
Dat.	**(një) leku** (a) lek	**lekut** the lek
Acc.	**(një) lek** (a) lek	**lekun** the lek
Abl.	**(një) leku** (a) lek	**lekut** the lek

Lakimi i tretë
The third declension

This declension includes all feminine nouns and some masculine nouns.

Third declension: feminine nouns ending in -ë

	Indefinite Singular	Definite Singular
Nom.	**(një) bankë** (a) bank	**banka** the bank
Gen.	**i/e (një) banke** of (a) bank	**i/e bankës** of the bank
Dat.	**(një) banke** (a) bank	**bankës** the bank
Acc.	**(një) bankë** (a) bank	**bankën** the bank
Abl.	**(një) banke** (a) bank	**bankës** the bank

Third declension: feminine nouns ending in -e

	Indefinite Singular	Definite Singular
Nom.	**(një) arkëtare** (a) teller	**arkëtarja** the teller
Gen.	**i/e (një) arkëtareje** of (a) teller	**i/e arkëtares** of the teller
Dat.	**(një) arkëtareje** (a) teller	**arkëtares** the teller
Acc.	**(një) arkëtare** (a) teller	**arkëtaren** the teller
Abl.	**(një) arkëtareje** (a) teller	**arkëtares** the teller

Third declension: feminine nouns ending in -ër

	Indefinite Singular	Definite Singular
Nom.	**(një) motër** (a) sister	**motra** the sister
Gen.	**i/e (një) motre** of (a) sister	**i/e motrës** of the sister
Dat.	**(një) motre** (a) sister	**motrës** the sister
Acc.	**(një) motër** (a) sister	**motrën** the sister
Abl.	**(një) motre** (a) sister	**motrës** the sister

Besa hyn në *bankë*.
Besa enters the *bank*.

***Arkëtarja* e ndihmon Besën.**
The *teller* helps Besa.

Ky është apartamenti *i motrës*.
This is (my) *sister's* apartment.

Shënim/Note: The fourth declension includes all neuter nouns which are not very common in Albanian.

USHTRIME
EXERCISES

2: 14

9.3. Dëgjoni fjalitë në audio dhe zgjidhni përgjigjet e duhura.
Listen to the sentences on the audio and select the correct answers.

i. Ku është Besa?
  a) Në hotel
  b) Në restorant
  c) Në bankë
  d) Në shtëpi

ii. Sa është numri i llogarisë së Besës?
  a) 8710
  b) 1087
  c) 7810
  d) 8017

iii. Sa lekë tërheq Besa?
  a) Pesëdhjetë mijë
  b) Tridhjetë mijë
  c) Tetëdhjetë mijë
  d) Dyzet mijë

iv. Si i do lekët Besa?
  a) Dhjetëmijëshe
  b) Pesëqindëshe
  c) Pesëmijëshe
  d) Njëmijëshe

(*To read the sentences for this exercise see the Answer Key, page 237.*)

9.4. Vini emrat në kllapa në rasën e duhur.
Put the nouns given in parentheses in the correct case.

Shembull **Example:**

Besa është në (hotel) __________.
Besa është në __hotel__ .

a) Besa duhet të gjejë një (bankë) ______________.

b) Për këtë ajo pyet sportelistin e (hotel) ______________.

c) Ku është (bankë) ______________?

d) (Bankë) ______________ është këtu afër.

e) Besa del nga (hotel) ______________.

f) Te (semafor) ______________ Besa kthehet majtas.

g) Sa e keni (numër) ______________ e llogarisë?

h) Hoteli është pranë (supermarket) ______________.

i) Besa falënderon (arkëtare) ______________.

9.5. Përktheni në anglisht.
Translate into English.

a) Besa ka vendosur të udhëtojë nëpër Shqipëri.

___

b) Ajo duhet të gjejë një bankë.

___

c) Ditë e bukur sot, apo jo?

___

d) Mund të më ndihmoni me diçka?

___

e) Posi, patjetër. Për çfarë keni nevojë?

___

f) Kthehuni djathtas dhe ecni drejt.

___

g) Ecni dhe nja dhjetë metra.

___

h) Si mund t'ju ndihmoj?

___

i) Dua të tërheq disa të holla.

___

j) Sa e keni numrin e llogarisë?

___

k) Si i doni lekët?

____

l) S'ka përse. Ditën e mirë.

____

Famous Albanians

Carl Ritter von Ghega or **Karl Von Ghega** (1802-1860) was born in an Albanian family in Venice, Italy, where he began his engineering career designing roads and hydraulics. He was the architect of the famous Semmering Railway in Austria, which at the time was considered impossible to build. Construction of the *Semmeringbahn* began in 1848 and was completed in 1854. In 1851, when the *Semmeringbahn* was still under construction, Carl became a knight (*Ritter*). The *Semmeringbahn* was made a UNESCO World Heritage site in 1998 and is still running today.

MËSIMI 10
LESSON 10

UDHËTIM NËPËR SHQIPËRI
A TRIP AROUND ALBANIA

In this lesson you will learn:

how to rent a car

the declension of plural nouns

some facts about certain Albanian towns

shopping terms, clothing, gifts, and materials

articuled and unarticuled adjectives

2: 15

DIALOGU 10.1: UDHËTIM NËPËR SHQIPËRI

2: 16

Besa, Drini dhe Mira do të udhëtojnë nëpër Shqipëri. Por në fillim, ata duhet të marrin një makinë me qira.

Besa: **Desha të marr një makinë me qira.**

Agjenti: **Çfarë makine doni?**

Besa: **Dua një Land Rover.**

Agjenti: **Për sa ditë e doni?**

Besa: **Për gjashtë ditë. Sa është tarifa ditore?**

Agjenti: **Tarifa ditore është 45 euro në ditë, për gjashtë ditë është gjithsej 270 euro.**

Besa: **Në rregull. Faleminderit.**

Besa i jep paratë agjentit dhe agjenti i jep çelësat e makinës.

DIALOGUE 10.1: A TRIP AROUND ALBANIA

Besa, Drini and Mira will travel around Albania. But first, they need to rent a car.

Besa: I would like to rent a car.

Agent: What kind of car do you want?

Besa: I want a Land Rover.

Agent: For how many days do you want it?

Besa: For six days. How much is the daily rate?

Agent: The daily rate is 45 euros per day, for six days it's 270 euros total.

Besa: Okay. Thank you.

Besa gives the money to the agent and the agent gives her the car keys.

FJALOR
VOCABULARY

agjent [a·*dyent*] *m* agent
çelësa [*che*·luh·sa] *m, pl* keys
desha [*de*·sha] I would like
ditor [dee·*tor*] daily
euro [*e*·oo·ro] euro
makinë [ma·*kee*·nuh] *f* car
në rregull [nuh *rre*·gooll] okay, all right
para [pa·*ra*] *f, pl* money
për sa [puhr sa] for how many, for how long
qira [qee·*ra*] *n, f* rent
tarifë [ta·*ree*·fuh] *n, f* rate
udhëtim [oo·thuh·*teem*] *m* trip

SHPREHJE
EXPRESSIONS

marr me qira	to rent (*lit:* to take with rent)
për sa	for how many
tarifë ditore	daily rate

GRAMATIKË
GRAMMAR

EMRAT
NOUNS

Lakimi i emrave në shumës
The declension of plural nouns

In the previous lesson we learned about the declension of singular nouns. In this lesson we will look at the declension of plural nouns. Nouns of all declensions are declined the same way in the plural. With a few exceptions they all take the same endings added to the plural form of the noun, which are underlined in the following examples:

Declension of plural masculine nouns ending in -a

	Indefinite Plural	Definite Plural
Nom.	**libra** books	**librat** the books
Gen.	**i/e librave** of books	**i/e librave** of the books
Dat.	**librave** books	**librave** the books
Acc.	**libra** books	**librat** the books
Abl.	**librash** books	**librave** the books

Declension of plural masculine nouns ending in -e

	Indefinite Plural	Definite Plural
Nom.	**dyqane** stores	**dyqanet** the stores
Gen.	**i/e dyqaneve** of stores	**i/e dyqaneve** of the stores
Dat.	**dyqaneve** stores	**dyqaneve** the stores
Acc.	**dyqane** stores	**dyqanet** the stores
Abl.	**dyqanesh** stores	**dyqaneve** the stores

Declension of plural feminine nouns ending in -a

	Indefinite Plural	Definite Plural
Nom.	**makina** cars	**makinat** the cars
Gen.	**i/e makinave** of cars	**i/e makinave** of the cars
Dat.	**makinave** cars	**makinave** the cars
Acc.	**makina** cars	**makinat** the cars
Abl.	**makinash** cars	**makinave** the cars

Declension of plural feminine nouns ending in -e

	Indefinite Plural	Definite Plural
Nom.	**perime** vegetables	**perimet** the vegetables
Gen.	**i/e perimeve** of vegetables	**i/e perimeve** of the vegetables
Dat.	**perimeve** vegetables	**perimeve** the vegetables
Acc.	**perime** vegetables	**perimet** the vegetables
Abl.	**perimesh** vegetables	**perimeve** the vegetables

Unë kam shumë *libra*.
I have a lot of *books*.

Besa po lan *perimet*.
Besa is washing *the vegetables*.

Unë kam çelësat e dy *makinave*.
I have the keys of two *cars*.

Këtu ka shumë *shtëpi*.
Here there are many *houses*.

One of the exceptions to these declensions includes nouns that end with a stressed vowel. These nouns take the ending **-të** instead of **-t** in the definite nominative and accusative.

Declension of plural nouns ending in a stressed vowel

	Indefinite Plural	Definite Plural
Nom.	**shtëpi** houses	**shtëpitë** the houses
Gen.	**i/e shtëpive** of houses	**i/e shtëpive** of houses
Dat.	**shtëpive** houses	**shtëpive** the houses
Acc.	**shtëpi** houses	**shtëpitë** the houses
Abl.	**shtëpish** houses	**shtëpive** the houses

***Shtëpitë* janë të bukura.**
The houses are beautiful.

Mira po lan *dyshemetë*.
Mira is cleaning *the floors*.

Shënim/Note: Note that nouns in the indefinite nominative and accusative plural do not take any case endings.

USHTRIME
EXERCISES

2: 17

10.1. Dëgjoni fjalitë në audio dhe përgjigjjuni pyetjeve të mëposhtme.
Listen to the sentences on the audio and answer the following questions.

a) Ku do të udhëtojnë Besa, Drini dhe Mira?

____

b) Çfarë makine do Besa?

____

c) Për sa ditë e do Besa makinën?

____

d) Sa është tarifa ditore?

____

e) Çfarë i jep Besa agjentit?

____

f) Çfarë i jep agjenti Besës?

____

(To read the sentences for this exercise see the Answer Key, page 238.)

10.2. Vini emrat në shumës në kllapa në rasën e duhur.
Put the plural nouns given in parentheses in the correct case.

Shembull **Example:**

(libra) __________ janë në dysheme.
Librat janë në dysheme.

a) (amerikanë) ________________ flasin anglisht.

b) Agjenti ka (çelësa) ________________ e (makina) ________________.

c) Besa i jep (para) ________________ agjentit.

d) Në Shqipëri ka shumë (biblioteka) ________________.

e) Mira lan (perime) ________________.

f) Drini lexon shumë (libra) ________________.

g) Besa lan (dhëmbë) ________________ çdo ditë.

2: 18

DIALOGU 10.2: NË UDHËTIM

2: 19

Besa, Drini dhe Mira kanë nisur udhëtimin e tyre nëpër Shqipëri. Ata po diskutojnë se ku do të shkojnë më parë.

Mira: **Besa, ku do të shkojmë në fillim?**

Besa: **Mendoj që në fillim të shkojmë në Krujë.**

Mira: **Kruja është qytet historik. Atje ndodhet muzeu i Skënderbeut.**

Besa: **Pastaj mendoj që të shkojmë në jug – në Vlorë, Sarandë dhe Gjirokastër.**

Mira: **Vlora dhe Saranda janë qytete të bukura bregdetare. Në Gjirokastër shtëpitë janë të ndërtuara me gur. Ato duken si kështjella të vogla.**

Drini: **Ora është dymbëdhjetë. A ndalojmë për drekë tek ai restoranti atje?**

Besa: **Po, patjetër. Ndoshta gjejmë edhe dhurata te dyqanet pranë restorantit.**

DIALOGUE 10.2: ON THE TRIP

Besa, Drini and Mira have begun their trip around Albania. They are discussing where they should go first.

Mira: Besa, where will we go first?

Besa: I think first we will go to Krujë.

Mira: Kruja is a historic town. Scanderbeg's Museum is there.

Besa: Then I think that we should go south, to Vlorë, Sarandë and Gjirokastër.

Mira: Vlora and Saranda are beautiful coastal towns. In Gjirokastër the houses are built with stone. They look like small castles.

Drini: It's twelve o'clock. Do you want to stop for lunch at that restaurant over there?

Besa: Yes, of course. Maybe we can find gifts at those shops close to the restaurant.

FJALOR
VOCABULARY

bregdetar [breg·de·*tar*] coastal
diskutoj [dees·koo·*toy*] to discuss
dukem [*doo*·kem] to appear, to look (like)
dhurata [thoo·*ra*·ta] *f* gifts
gur [goor] *m* stone
gjej [dyey] to find
historik [hees·to·*reek*] historic
jug [yoog] south
kështjellë [kuhsh·*tye*·lluh] *f* castle
mendoj [men·*doy*] to think
muze [moo·*ze*] *m* museum
ndaloj [nda·*loy*] to stop
ndodhem [*ndo*·them] to be located, to be physically
ndoshta [*ndosh*·ta] maybe
në fillim [nuh fee·*lleem*] first, at first
nis [nees] to start, to begin
qytet [qü·*tet*] *m* town
si [see] like
tek [tek] at
të ndërtuara [tuh nduhr·*too*·a·ra] *pl* built
të vogla [tuh *vo*·gla] *pl* small

SHPREHJE
EXPRESSIONS

në fillim	at first
dukem si	to look like
po, patjetër	yes, of course

2: 20

FJALË PËR BLERJE SENDESH
SHOPPING TERMS

burrash [*boo*·rrash] for men
çmim [chmeem] *m* price
grash [grash] for women
i/e gjerë [*dye*·ruh] big, loose
i/e lirë [*lee*·ruh] inexpensive, cheap
i/e ngushtë [*ngoosh*·tuh] tight
i/e shtrenjtë [*shtreñ*·tuh] expensive
kabinë [ka·*bee*·nuh] *f* fitting room
kusur [koo·*soor*] *n, m* change (as in *here is your change*)
madhësi [ma·thuh·*see*] *f* size
masë [*ma*·suh] *f* size
më pëlqen [muh puhl·*chyen*] I like it (*lit:* me likes)
numër [*noo*·muhr] *m* number / size of (shoes, shirt, skirt, pants)
palë [*pa*·luh] *f* pair (of shoes)
provoj [pro·*voy*] to try (on)
ta gëzosh [ta guh·*zosh*] may you enjoy it, may you wear it well

Rroba
Clothing

çadër [*cha*·duhr] *f* umbrella
çantë [*chan*·tuh] *f* bag, purse
çizme [*cheez*·me] *f* boots
çorape [cho·*ra*·pe] *m* socks
doreza [do·*re*·za] *f* gloves, mittens
fund [foond] *m* skirt
fustan [foos·*tan*] *m* dress
jelek [ye·*lek*] *m* vest
kanotierë [ka·no·*tye*·ruh] *f* undershirt
kapelë [ka·*pe*·luh] *f* hat
këmishë [kuh·*mee*·shuh] *f* shirt

këpucë [kuh·*poo*·tsuh] *f* shoes
kollare [ko·*lla*·re] *f* tie
kostum [kos·*toom*] *m* suit
mbathje [*mbath*·ye] *f* underwear
pallto [*pall*·to] *f* coat
pantallona [pan·ta·*llo*·na] *f* pants
pantofla [pan·*to*·fla] *f* slippers
pizhame [pee·*zha*·me] *f* pajamas
pulovër [poo·*lo*·vuhr] *f* sweater
rrip [rreep] *m* belt
rroba banje [*rro*·ba *ba*·ñe] *f* swimsuit
sandale [san·*da*·le] *f* sandals
shall [shall] *m* scarf
syze [*sü*·ze] *f* (eye)glasses
xhaketë [ja·*ke*·tuh] *f* jacket

> ***Më pëlqen* shumë kjo *çanta.***
> I *like* this *bag* a lot.
>
> **Dua të blej *çizme.***
> I want to buy *boots*.
>
> **Ky *fustani* është shumë i bukur.**
> This *dress* is really pretty.
>
> **Këto *këpucët* janë *të ngushta.***
> These *shoes* are *tight*.
>
> **Drini blen një *xhaketë* të re.**
> Drini buys a new *jacket*.

Dhurata
Gifts

art [art] *m* art
bizhuteri [bee·zhoo·te·*ree*] *f* jewelry
byzylyk [bü·zü·*lük*] *m* bracelet
kartolinë [kar·to·*lee*·nuh] *f* postcard

panoramë [pa·no·*ra*·muh] *f* landscape painting
pikturë [peek·*too*·ruh] *f* painting
qilim [chyee·*leem*] *m* rug
qyp [chyüp] *m* pot, pottery
suvenir [soo·ve·*neer*] *m* souvenir
unazë [oo·*na*·zuh] *f* ring
varëse [*va*·ruh·se] *f* necklace
vathë [*va*·thuh] *m* earrings
vazo [*va*·zo] *f* vase

Besa merr një *kartolinë* nga një shoqe.
Besa receives a *card* from a friend.

Dua të blej një *suvenir* për familjen.
I would like to buy a *souvenir* for my family.

Sa kushton ky *qypi*?
How much does this *pot* cost?

Materiale
Materials

argjend [ar·*dyend*] *m* silver
bronz [bronz] *m* bronze, brass
dru [droo] *m* wood
flori [flo·*ree*] *m* gold
lesh [lesh] *m* wool
letër [*le*·tuhr] *f* paper
lëkurë [luh·*koo*·ruh] *f* leather
mermer [mer·*mer*] *m* marble
metal [me·*tal*] *m* metal
mëndafsh [muhn·*dafsh*] *m* silk
pambuk [pam·*book*] *m* cotton
lëndë plastike [*luhn*·duh plas·*tee*·ke] *f* plastic material

Kjo *pulovër* është prej *mëndafshi.*
This *sweater* is made of *silk*.

Kjo *vazo* është prej *argjendi.*
This *vase* is made of *silver.*

GRAMATIKË
GRAMMAR

MBIEMRAT
ADJECTIVES

Mbiemrat e nyjshëm dhe të panyjshëm
Articulated and unarticulated adjectives

In Lesson 5 we talked briefly about how adjectives in Albanian agree in gender and number with the noun they refer to. Another characteristic of adjectives in Albanian is that they fall into two categories: articulated and unarticulated adjectives. Articulated adjectives have a connective article in front of them and unarticulated adjectives do not. Below are some examples of articulated and unarticulated adjectives used with the same noun:

Articulated	Unarticulated
qytet i bukur beautiful town	**qytet bregdetar** coastal town
kështjellë e vogël small castle	**kështjellë historike** historic castle
tarifë e mirë good rate	**tarifë ditore** daily rate

Gjirokastra është qytet *i bukur.*
Gjirokastra is a *beautiful* town.

Sa është tarifa *ditore*?
What is the *daily* rate?

Në Krujë ndodhet një kështjellë *historike.*
In Krujë there is a *historic* castle.

Gjinia e mbiemrave
The gender of adjectives

Typically, articulated adjectives form their feminine gender by changing their masculine article **i** to **e**. The adjective itself remains the same. However, there are some exceptions to this rule. In addition to changing their article, all masculine adjectives that end in **-ëm** change their ending to **-me** when used in the feminine.

Articulated Masculine	Articulated Feminine
i bukur beautiful	**e bukur** beautiful
i vogël small	**e vogël** small
i lodhur tired	**e lodhur** tired
i mirë good	**e mirë** good
i shijshëm delicious	**e shijshme** delicious

Besa është *e lodhur*.
Besa is *tired*.

Byreku është *i mirë*.
The pie is *good*.

Kruja është qytet *i vogël*.
Kruja is a *small* town.

Kjo sallata është *e shijshme*.
This salad is *delicious*.

For the majority of unarticulated adjectives their feminine form is made by adding the suffix **-e** to the masculine form:

Unarticulated Masculine	Unarticulated Feminine
ditor daily	**ditore** daily
shqiptar Albanian	**shqiptare** Albanian
historik historic	**historike** historic
bregdetar coastal	**bregdetare** coastal

Tarifa *ditore* është 35 euro në ditë.
The *daily* rate is 35 euros a day.

Kruja është qytet me tradita *historike*.
Kruja is a town with *historic* traditions.

USHTRIME
EXERCISES

2: 21

10.3. Dëgjoni dialogun në audio dhe vini foljet në kllapa në formën e duhur.
Listen to the dialogue on the audio and put the verbs given in parentheses in the correct form.

Mira: Besa, ku do të (shkoj)_______________ në fillim?

Besa: (mendoj) _______________ që në fillim të (shkoj) _______________ në Krujë.

Mira: Kruja (jam) _______________ qytet historik. Atje (ndodhem) _______________ muzeu i Skënderbeut.

Besa: Pastaj (mendoj) _______________ që të (shkoj) _______________ në Vlorë, Sarandë dhe Gjirokastër.

Mira: Vlora dhe Saranda (jam) _______________ qytete të bukura bregdetare. Në Gjirokastër shtëpitë (jam) _______________ të ndërtuara me gur. Ato (dukem) _______________ si kështjella të vogla.

Drini: Ora (jam) _______________ dymbëdhjetë. A (ndaloj) _______________ për drekë tek ai restoranti atje?

(*To read the sentences for this exercise see the Answer Key, page 238.*)

10.4. Vendosni mbiemrat në gjininë femërore.
Put the adjectives in their feminine form.

ShembullExample:

i lodhur e lodhur

a) ditor ____________________

b) shqiptar ____________________

c) i mirë ____________________

d) i shijshëm ____________________

e) historik ____________________

f) i bukur ____________________

g) bregdetar ____________________

h) i vogël ____________________

i) amerikan ____________________

j) i mbarë ____________________

10.5. Përshkruani në shqip një udhëtim nëpër Shqipëri.
Describe in Albanian a trip around Albania.

____

____

____

____

____

____

Famous Albanians

Scanderbeg (Gjergj Kastrioti Skënderbeu) (1405-1468) is Albania's national hero. Thanks to his leadership, Albanians managed to keep the Ottoman Turks from overcoming Albania for almost twenty-five years. After his death on January 17, 1468, Albanians were to suffer under the Ottoman rule for over four hundred years.

MËSIMI 11
LESSON 11

TE DOKTORI
AT THE DOCTOR'S

In this lesson you will learn:

vocabulary and expressions used at the doctor's

names of parts of the body and symptoms

several interrogative pronouns and adverbs

2: 22

DIALOGU 11.1: KAM NEVOJË PËR DOKTOR

2: 23

Besa merr në telefon Mirën. Bledi përgjigjet në telefon.

Bledi: Alo.

Besa: Alo, Bledi? Jam unë, Besa.

Bledi: Ç'kemi, Besa? Si je ti?

Besa: Nuk jam mirë, Bledi.

Bledi: Pse? Çfarë ke?

Besa: Nuk e di. Kam dhimbje koke dhe më dhembin gry-kët. A është Mira aty?

Bledi: Jo, Mira nuk është këtu. Ka shkuar në dyqan.

Besa: Jam sëmurë. Kam nevojë për doktor.

Bledi: Po të duash, vij të marr unë me makinë dhe shkojmë bashkë te doktori.

Besa: Mirë. Faleminderit.

Bledi: Po nisem që tani. Mos u shqetëso se klinika është pranë apartamentit tënd.

Besa: Mirë, shihemi së shpejti. Mirupafshim.

Bledi: Mirupafshim.

DIALOGUE 11.1: I NEED A DOCTOR

Besa calls Mira on the phone. Bledi answers the phone.

Bledi: Hello.

Besa: Hello, Bledi? It's me, Besa.

Bledi: What's up, Besa? How are you?

Besa: I am not well, Bledi.

Bledi: Why? What's wrong?

Besa: I don't know. I have a headache and my throat hurts. Is Mira there?

Bledi: No, Mira is not here. She has gone to the store.

Besa: I feel sick. I need a doctor.

Bledi: If you would like, I can come and get you by car and we can go together to the doctor.

Besa: Okay, thank you.

Bledi: I am leaving right now. Don't worry, the clinic is close to your apartment.

Besa: Okay, see you soon. Bye.

Bledi: Bye.

2: 24

DIALOGU 11.2: TE DOKTORI

2: 25

Dr. Lika: Mirëdita. Unë jam Dr. Lika. Çfarë ju shqetëson?

Besa: Mirëdita, doktor. Unë kam dhimbje koke dhe më dhembin grykët.

Dr. Lika: Sa ditë keni që jeni kështu?

Besa: Që dje.

Doktori i mat temperaturën.

Dr. Lika: Keni temperaturë të lartë. Merrni frymë thellë. Hapeni gojën. Grykët i keni të skuqura. Nuk keni ndonjë gjë shqetësuese. Jeni ftohur.

Besa: Çfarë më rekomandoni, doktor?

Dr. Lika: Duhet të bëni pushim. Pini shumë lëngje dhe hani ushqime që kanë vitaminë C. Si për shembull, portokalle ose limona. Do t'ju jap një recetë me një ilaç për grykët. Duhet ta pini një herë në ditë pas buke.

Besa: Faleminderit, doktor.

Besa del nga dhoma. Bledi po e pret.

Bledi: Çfarë tha doktori?

Besa: Vetëm se jam ftohur. Ku është farmacia? Duhet të blej ilaç për grykët.

Bledi: Është një farmaci këtu afër. Shkojmë me makinën time. Pastaj shkojmë në shtëpi që të bësh pushim. Mirë?

Besa: Shumë mirë. Shumë faleminderit për ndihmën, Bledi.

Bledi: S'ka përse, Besa. Vetëm mos u kollit nga unë!

DIALOGUE 11.2: AT THE DOCTOR'S

Dr. Lika: Good day. I am Dr. Lika. What bothers you?

Besa: Good day, doctor. I have a headache and my throat hurts.

Dr. Lika: How many days have you been like this?

Besa: Since yesterday.

The doctor takes her temperature.

Dr. Lika: You have a high fever. Take a deep breath. Open your mouth. Your throat is inflamed (*lit*: reddened). You don't have anything disturbing. You have a cold.

Besa: What do you recommend, doctor?

Dr. Lika: You need to rest. Drink lots of fluids and eat foods that have vitamin C. For example, oranges or lemons. I will give you a prescription for a throat medication. You need to take it once a day after your meal.

Besa: Thank you, doctor.

Besa leaves the room. Bledi is waiting for her.

Bledi: What did the doctor say?

Besa: I just have a cold. Where is the pharmacy? I need to buy throat medicine.

Bledi: There is a pharmacy nearby. We can go in my car. Then we'll go home so you can rest. Alright?

Besa: Very good. Thank you very much for your help, Bledi.

Bledi: You're welcome! Just don't cough on me!

FJALOR
VOCABULARY

aty [a·*tü*] there
bukë [*boo*·kuh] *f* meal; bread
dhemb [themb] to hurt
dhimbje [*theem*·bye] *f* pain
dje [dye] yesterday
farmaci [far·ma·*tsee*] *f* pharmacy
frymë [*frü*·muh] *f* breath
ftohem [*fto*·hem] to have a cold
gojë [*go*·yuh] *f* mouth
grykë [*grü*·kuh] *f* throat
hap [hap] to open
i lartë [ee *lar*·tuh] high
ilaç [ee·*lach*] *m* medicine
kështu [kuhsh·*too*] like this, so, this way
klinikë [klee·*nee*·kuh] *f* clinic
kokë [*ko*·kuh] *f* head
kollitem [ko·*llee*·tem] to cough
lëngje [*luhn*·dye] *m, pl* liquids
mat [mat] (he) measures, checks
ndonjë [*ndo*·ñuh] any
një herë [njuh *he*·ruh] once
përgjigjem [puhr·*dyee*·dyem] to answer
pi [pee] to drink
që [chyuh] since
recetë [re·*tse*·tuh] *f* prescription
rekomandoj [re·ko·man·*doy*] to recommend
sëmurë [suh·*moo*·ruh] sick
së shpejti [suh *shpey*·tee] soon
shihem [*shee*·hem] to see, to meet
shqetësohem [shchye·tuh·*so*·hem] to worry
shqetësoj [shchye·tuh·*soy*] to bother

shqetësues [shchye·tuh·*soo*·es] disturbing, serious, worrying
të skuqura [tuh *skoo*·chyoo·ra] *pl* inflamed (*lit*: reddened)
temperaturë [tem·pe·ra·*too*·ruh] *f* temperature, fever
tha [tha] / **them** [them] said / to say
thellë [*the*·lluh] *adv* deep
ushqime [oosh·*chyee*·me] *m, pl* food
vetëm [*ve*·tuhm] just
vitaminë [vee·ta·*mee*·nuh] *f* vitamin

SHPREHJE
EXPRESSIONS

marr në telefon	to call on the phone (*lit:* to take on the phone)
përgjigjem në telefon	to answer the phone (*lit:* to answer on the phone)
kam dhimbje koke	I have a headache (*lit:* I have head pain)
shkojmë bashkë	(we) go together
jam sëmurë	I am/feel sick
që tani	right now
mos u shqetëso	don't worry
shihemi së shpejti	see you soon
jam ftohur	to have a cold (*lit:* I have gotten a cold)
që dje	since yesterday
si për shembull	for example (*lit:* as for example)
një herë në ditë	once a day (*lit:* one time a day)
pas buke	after your meal *(lit:* after bread)
këtu afër	nearby

2: 26

PJESËT E TRUPIT
PARTS OF THE BODY

buzë [*boo*·zuh] *f* lips
dorë [*do*·ruh] *f* hand; **duar** [*doo*·ar] hands
fyt [füt] *m* throat
fytyrë [fü·*tü*·ruh] *f* face
gisht (i dorës) [geesht] *m* finger
gisht (i këmbës) [geesht] *m* toe
gju [dyoo] *m* knee
gojë [*go*·yuh] *f* mouth
hundë [*hoon*·duh] *f* nose
këllqe [*kuhll*·chye] *m* hips
këmbë/t [*kuhm*·buh] *f* leg(s); foot / feet
kokë [*ko*·kuh] *f* head
krah/ë [krah kra·huh] *m* arm(s)
kraharor [kra·ha·*ror*] *m* chest
kyç (i dorës) [küch] *m* wrist
kyç (i këmbës) [küch] *m* ankle
qafë [*chya*·fuh] *f* neck
shpatulla [*shpa*·too·lla] *f* shoulders
sy [sü] *m* eye(s)
thembër [*them*·buhr] *f* heel
trung [troong] *m* torso, trunk
vesh [vesh] *m* ear

Drini ka *dhimbje koke.*
Drini has a *headache*.

Ai ka *shpatulla* të mëdha.
He has big *shoulders*.

Ajo ka *sy* blu.
She has blue *eyes*.

Mua më dhembin *këmbët.*
My *feet* hurt. (*lit* : The feet hurt to me.)

SIMPTOMA
SYMPTOMS

i/e ënjtur [*uhñ*·toor] swollen
i/e lodhur [*lo*·thoor] tired
Jam me temperaturë. I have a fever.
Kam nxehtësi [ndzeh·tuh·*see*]**.** I am hot. (*lit:* I have heat.)
Kam ftohtë [*ftoh*·tuh]**.** I am cold. (*lit:* I have cold.)
Më dhembin grykët. I have a sore throat. (*lit:* The throat hurts me.)
Më janë bllokuar [bllo·*koo*·ar] **hundët.** I have a stuffy nose.
Më merren mendtë [*mend*·tuh]**.** I am dizzy.
Më rrjedhin hundët [*rrye*·theen *hoon*·duht]**.** I have a runny nose.
Më vjen për të vjellë [*vye*·lluh]**.** I feel like throwing up (nauseous).

GRAMATIKË
GRAMMAR

PËREMRAT
PRONOUNS

Përemrat pyetës
Interrogative pronouns

The main interrogative pronouns in Albanian are:

kush [koosh] *who* – used to ask about human beings:

Kush **je ti?** *Who* are you?

çfarë [*chfa*·ruh] and **ç'** [ch] ***('ç' is the short form of 'çfarë')*** *what* – used to ask about nonhumans or an action.

Çfarë **ju shqetëson?** *What* is bothering you?
Ç'**është kjo**? *What* is this?

sa [sa] *how many/much* – used to ask about the number of people or things or the amount of something.

Sa **lekë ke?** *How much* money do you have?
Sa **libra ke?** *How many* books do you have?
Sa **kushtojnë perimet?** *How much* do the vegetables cost?

NDAJFOLJET
ADVERBS

Ndajfoljet pyetëse
Interrogative adverbs

Some of the interrogative adverbs in Albanian are:

kur [koor] *when* – used to ask about time

***Kur* do të vish?** *When* will you come?

pse [pse] *why* – used to ask about a reason

***Pse* po shkon te doktori?**
Why are you going to the doctor?

ku [koo] *where*, **nga** *from where* – used to ask about a place

***Ku* është doktori?** *Where* is the doctor?
***Nga* je?** *Where* are you *from*?

USHTRIME
EXERCISES

2: 27

11.1. Shoqja juaj, Linda është sëmurë dhe ju merr në telefon. Dëgjoni fjalitë në audio dhe përgjigjjuni shoqes në telefon.

Your friend Linda is sick and calls you on the phone. Listen to the sentences on the audio and answer your friend over the phone.

Linda: Alo. Jam Linda. Ç'kemi? Si je ti?

Ju: ____

Linda: Nuk jam mirë.

Ju: ____

Linda: Kam dhimbje koke. A mund të më çosh te doktori?

Ju: ______________________________

Linda: Shumë faleminderit.

2: 28

11.2. Jeni sëmurë dhe keni shkuar te doktori. Dëgjoni fjalitë në audio dhe përgjigjjuni pyetjeve të doktorit.
You are sick and have gone to see the doctor. Listen to the sentences on the audio and answer the doctor's questions.

Doktori: Mirëdita. Unë jam Dr. Lika. Çfarë ju shqetëson?

Ju: ______________________________

Doktori: Sa ditë keni që jeni kështu?

Ju: ______________________________

Doktori: A ju dhemb ndonjë gjë tjetër?

Ju: ______________________________

Doktori: Sa vjeç jeni?

Ju: ______________________________

Doktori: Nuk keni ndonjë gjë shqetësuese. Jeni ftohur. Bëni pushim dhe pini lëngje. Ditën e mirë.

Ju: ______________________________

11.3. Bëni pyetje duke përdorur përemrat dhe ndajfoljet pyetëse të mëposhtme.
Ask a question using the interrogative pronouns and adverbs given.

Shembull **Example:**

çfarë Çfarë po bën?

a) kush ______________________

b) çfarë ______________________

c) ç' ______________________

d) sa ______________________

e) kur ______________________

f) pse ______________________

g) ku ______________________

11.4. Lexoni përsëri dialogjet e këtij mësimi dhe përgjigjjuni pyetjeve të mëposhtme.
Read the dialogues in this lesson again and answer the following questions.

a) Besa merr në telefon Mirën. Kush përgjigjet në telefon?

____

b) Çfarë ka Besa?

____

c) Ku ka shkuar Mira?

____

d) Ku shkojnë Besa dhe Bledi?

___

e) Çfarë e shqetëson Besën?

___

f) Sa ditë ka Besa që nuk është mirë?

___

g) Çfarë i rekomandon doktori Besës?

___

h) Çfarë ushqimesh duhet të hajë Besa?

___

11.5. Përktheni në anglisht.
Translate into English.

a) Besa merr në telefon Mirën.

___

b) Ç'kemi Besa? Si je ti?

___

c) Kam dhimbje koke dhe më dhembin grykët.

___

d) Kam nevojë për doktor.

___

e) Po të duash, vij të marr unë me makinë.

___

f) Çfarë ju shqetëson?

____

g) Që dje.

____

h) Merrni frymë thellë.

____

i) Jeni ftohur.

____

j) Si për shembull.

____

Famous Albanians

Kostandin Kristoforidhi (1826-1895) was a translator and scholar remembered for his translation of the Bible into Albanian. He provided the first translation of the New Testament into the Gheg dialect in 1872. In 1879 he did the same for the Tosk dialect, updating another scholar's 1823 translation. The offering of the Bible in both dialects is seen as the basis of the unification of Tosk and Gheg into a national language.

MËSIMI 12
LESSON 12

NË AEROPORT
AT THE AIRPORT

In this lesson you will learn:

vocabulary and expressions used at an airport

the imperfect tense of the verb **jam** *to be*

the simple past tense of the verbs **vij** *to come* and **marr** *to take*

the declension of personal pronouns

2: 29

DIALOGU 12.1: NË AEROPORT

2: 30

Besa do të niset për në Amerikë. Drini dhe Mira po e çojnë me makinë në aeroport.

Drini: **Besa, me çfarë linje do të udhëtosh?**

Besa: **Me Austrian Airlines.**

Mira: **Kur niset avioni?**

Besa: **Në orën 3:15 pasdite.**

Drini: **Sa zgjat udhëtimi?**

Besa: **Zgjat shumë. Gjithsej zgjat rreth 15 orë.**

Drini: **Arritëm. Makinën po e parkoj këtu.**

Besa: **Mira, po Bledi pse nuk erdhi? Unë e mora atë në telefon por nuk ishte në shtëpi.**

Mira: **Ishte në punë prandaj nuk erdhi.**

Besa: **Sa keq! Të lutem thuaji mirupafshim nga unë.**

Mira: **Po, i them unë. Eja të nxjerrim valixhet nga makina.**

Drini: **Besa, ku i ke biletat?**

Besa: **Ku i kam unë ato? Ah, ja ku janë.**

Drini: **Po pasaportën?**

Besa: **Ja, këtu.**

DIALOGUE 12.1: AT THE AIRPORT

Besa is leaving for America. Drini and Mira are taking her by car to the airport.

Drini: Besa, which airline will you travel with?

Besa: With Austrian Airlines.

Mira: When does the plane leave?

Besa: At 3:15 p.m.

Drini: How long does the trip last?

Besa: It lasts for a long time. It lasts for a total of about 15 hours.

Drini: We have arrived. I am parking the car here.

Besa: Mira, what about Bledi? Why didn't he come? I called him on the phone but he was not at home.

Mira: He was at work, that's why he didn't come.

Besa: Too bad! Please tell him goodbye from me.

Mira: Yes, I will tell him. Let's get your luggage out of the car.

Drini: Besa, where do you have your tickets?

Besa: Where do I have them? Ah, here they are.

Drini: What about your passport?

Besa: Yes, here.

FJALOR
VOCABULARY

aeroport [a·e·ro·*port*] *m* airport
atë [a·*tuh*] him, her
avion [a·vee·*on*] *m* airplane
biletë [bee·*le*·tuh] *f* ticket
erdhi [*er*·thee] he/she/it came
eja [*e*·ya] come, let's
ishte [*eesh*·te] he/she/it was
ja [ya] here (*as in* "Here it is")
keq [kechy] bad
linjë [*lee*·ñuh] *f* airline
mora në telefon [*mo*·ra] I called him/her/them on the phone
parkoj [par·*koy*] to park
pasaportë [pa·*sa*·por·tuh] *f* passport
prandaj [pran·*day*] that's why
rreth [rreth] about, around
thuaji [*thoo*·a·yee] tell him/her
valixhe [va·*lee*·je] *f* luggage
zgjat [zdyat] to last

SHPREHJE
EXPRESSIONS

çoj me makinë
to take someone or something somewhere by car,
to give them a ride

Sa keq!
Too bad!; What a pity!

Ku i ke ...?
Where are your ...? (*lit:* Where do you have them ...?)

Ja ku janë.
Here they are.

GRAMATIKË
GRAMMAR

FOLJET
VERBS

Koha e pakryer e foljes "jam"
The imperfect tense of the verb "to be"

The imperfect tense of a verb shows a continuous state of being or a repeated and / or regular action that happened some time in the past. Just like the verb "*to be*" in English the verb **jam** *to be* in Albanian is an irregular verb. When used in the imperfect tense it changes its form completely. Below is the conjugation of the verb **jam** *to be* in the imperfect tense.

jam (to be)

	Singular	Plural
1st	**Unë isha** [*ee*·sha] I was	**ne ishim** [*ee*·sheem] we were
2nd	**ti ishe** [*ee*·she] you were	**ju ishit** [*ee*·sheet] you were
3rd	**ai/ajo ishte** [*eesh*·te] he/she was	**ata/ato ishin** [*ee*·sheen] they were

Unë *isha* në shkollë dje.
I *was* at school yesterday.

Besa, Drini dhe Mira *ishin* në aeroport.
Besa, Drini, and Mira *were* at the airport.

Bledi *ishte* në punë.
Bledi *was* at work.

Koha e kryer e thjeshtë e foljes "vij"
The simple past tense of the verb "to come"

The simple past tense shows an action that started and finished at a specific point in the past.

vij (to come)

	Singular	Plural
1st	**Unë erdha** [*er*·tha] I came	**ne erdhëm** [*er*·thuhm] we came
2nd	**ti erdhe** [*er*·the] you came	**ju erdhët** [*er*·thuht] you came
3rd	**ai/ajo erdhi** [*er*·thee] he/she came	**ata/ato erdhën** [*er*·thuhn] they came

Drini *erdhi* në aeroport.
Drini *came* to the airport.

Ne *erdhëm* në shtëpi.
We *came* home.

Unë *erdha* në Amerikë.
I *came* to America.

Koha e kryer e thjeshtë e foljes "marr"
The simple past tense of the verb "to take; to receive"

marr (to take, to receive)

	Singular	Plural
1st	**Unë mora** [*mo*·ra] I received	**ne morëm** [*mo*·ruhm] we received
2nd	**ti more** [*mo*·re] you received	**ju morët** [*mo*·ruht] you received
3rd	**ai/ajo mori** [*mo*·ree] he/she received	**ata/ato morën** [*mo*·ruhn] they received

Shënim/Note: The verb **marr** *to take* takes different meanings when used in combination with other words in Albanian. For example, **marr në telefon** *to call on the phone*, **marr me qira** *to rent*.

Besa *mori* në telefon Bledin.
Besa *called* Bledi on the phone.

Ne *morëm* një makinë me qira.
We *rented* a car.

Ato *morën* ushqime.
They *received* food.

USHTRIME
EXERCISES

2: 31

12.1. Dëgjoni fjalitë në audio dhe zgjidhni përgjigjet e duhura.
Listen to the sentences on the audio and select the correct answers.

i. Ku është Besa?
- a) Në shkollë.
- b) Në punë.
- c) Në aeroport.
- d) Në bibliotekë.

ii. Për ku do të niset Besa?
- a) Për në Gjermani.
- b) Për në Shqipëri.
- c) Për në Amerikë.
- d) Për në Itali.

iii. Me çfarë linje do të udhëtojë Besa?
- a) Me British Airways.
- b) Me Austrian Airlines.
- c) Me Lufthansën.
- d) Me Alitalian.

iv. Kur niset avioni?
 a) Në orën 8:30.
 b) Në orën 5:05.
 c) Në orën 3:15.
 d) Në orën 11:55.

v). Sa zgjat udhëtimi?
 a) Tri orë.
 b) Shtatë orë.
 c) Dhjetë orë.
 d) Pesëmbëdhjetë orë.

(*To read the sentences for this exercise see the Answer Key, page 240.*)

12.2. Vini foljen "jam"në kohën e pakryer.
Put the verb "*jam*" in the imperfect tense.

Shembull **Example:**

Besa (jam) __________ në aeroport.
Besa __ishte__ në aeroport.

a) Drini dhe Mira (jam) ___________ me Besën në aeroport.

b) Besa (jam) ___________ në Shqipëri.

c) Bledi nuk (jam) ___________ në shtëpi.

12.3. Vini foljet në kllapa në kohën e kryer të thjeshtë.
Put the verbs in parentheses in the simple past tense.

Shembull **Example:**

Besa (vjen) __________ në aeroport.
Besa __erdhi__ në aeroport.

a) Drini dhe Mira (vij) _____________ në shtëpi.

b) Besa (marr) _____________ në telefon Bledin.

c) Ata nuk (vij) ____________ në restorant.

d) Ne (marr) _____________ makinë me qira.

e) Bledi nuk (vij) ______________ në aeroport.

2: 32

DIALOGU 12.2: MIRUPAFSHIM!

2: 33

Mira: **Besa, ne shpresojmë që të vish përsëri për vizitë në Shqipëri.**

Besa: **Po, po. Kam dëshirë që të vij përsëri. Ndoshta vitin tjetër vjen dhe familja ime.**

Mira: **Mos na harro ne. Na shkruaj.**

Besa: **Po, patjetër. E kam adresën tënde dhe emailin. Faleminderit për gjithçka. Mirupafshim, Mira.**

Mira: **Mirupafshim, Besa. Udhë të mbarë.**

Besa dhe Mira përqafohen.

Besa: **Faleminderit. Bëji të fala Bledit.**

Mira: **Patjetër.**

Drini: **Besa, në qoftë se vendos të vizitosh Kosovën, më thuaj. Unë shkoj shpesh në Kosovë se kam familjen atje.**

Besa: **Faleminderit, Drini. Do ishte kënaqësi për mua.**

Drini: **Atëherë, mirupafshim dhe udhë të mbarë.**

Drini dhe Besa përqafohen.

Besa: **Mirupafshim.**

Besa përshëndet me dorë ndërsa hipën në avion.

DIALOGUE 12.2: GOODBYE!

Mira: Besa, we hope you will come again for a visit in Albania.

Besa: Yes, yes. I would like to come again. Maybe next year my family will come, too.

Mira: Don't forget us. Write us.

Besa: Yes, of course! I have your address and your email. Thank you for everything. Goodbye, Mira.

Mira: Goodbye, Besa. Have a good trip.

Besa and Mira hug.

Besa: Thank you. Give my best to Bledi.

Mira: Of course.

Drini: Besa, if you decide to visit Kosovo, tell me. I often go to Kosovo because I have family there.

Besa: Thank you, Drini. It would be a pleasure for me.

Drini: Then, goodbye and have a good trip.

Drini and Besa hug.

Besa: Goodbye.

Besa waves goodbye as she boards her plane.

FJALOR VOCABULARY

adresë [a·*dre*·suh] *f* address
atëherë [a·tuh·*he*·ruh] then
dëshirë [duh·*shee*·ruh] *n, f* desire, wish
do [do] it would
gjithçka [dyeeth·*chka*] everything
harroj [ha·*rroy*] to forget
hipi [*hee*·pee] to board, to get on
më [muh] me (*short form of personal pronoun "me"*)
mos [mos] don't
mua [*moo*·a] me (*full form of personal pronoun "me"*)
na [na] us (*short form of personal pronoun "us"*)
ndërsa [*nduhr*·sa] while, as
në qoftë se [nuh *qof*·tuh se] if
përqafohem [puhr·chya·*fo*·hem] to hug (*two people hugging at the same time*)
përqafoj [puhr·chya·*foy*] to hug (someone)
përsëri [puhr·suh·*ree*] again
përshëndes [puhr·shuhn·*des*] to wave, to greet
shkruaj [*shkroo*·ay] to write
shpresoj [shpre·*soy*] to hope
të fala [tuh *fa*·la] send my best
tjetër [*tye*·tuhr] next
vizitë [vee·*zee*·tuh] *n, f* visit
vizitoj [vee·zee·*toy*] to visit

SHPREHJE EXPRESSIONS

vij për vizitë	to visit (*lit:* to come for a visit)
kam dëshirë	I would like to (*lit:* I have desire)
Mos na harro.	Don't forget us.
Faleminderit për gjithçka.	Thank you for everything.

bëj të fala	to send one's best / regards
do ishte kënaqësi	it would be a pleasure
përshëndes me dorë	to wave goodbye (*lit:* to greet with the hand)

GRAMATIKË
GRAMMAR

PËREMRAT
PRONOUNS

Lakimi i përemrave vetorë
The declension of personal pronouns

The declension of personal pronouns in Albanian is different from English because the dative and accusative cases have *short forms*. *The full forms* are the personal pronouns themselves. *The short forms* are used either together with the full forms or by themselves. When used together with the personal pronouns, the short forms can either be next to the personal pronoun or in another part of the sentence. When used by themselves, they represent the personal pronoun they belong to, thus replacing it and conveying the exact same meaning as the personal pronoun itself. Usually the main reason for both forms to be used together is to place a higher emphasis on the personal pronoun. The following tables show the declension of all personal pronouns. The short forms are underlined.

First Person

	Singular	Plural
Nom.	**unë** I	**ne** we
Dat.	**mua, <u>më</u>** me	**neve, <u>na</u>** us
Acc.	**mua, <u>më</u>** me	**ne, <u>na</u>** us
Abl.	**meje** me	**nesh** us

Second Person

	Singular	Plural
Nom.	**ti** you	**ju** you
Dat.	**ty, të** you	**juve, ju** you
Acc.	**ty, të** you	**ju, ju** you
Abl.	**teje** you	**jush** you

Shënim/Note: The genitive case of the first and second person is used very rarely.

***Më* merr në telefon *mua*.**	Call *me* on the phone.
***Të* mori në telefon Bledi.**	Bledi called *you* on the phone.
Mos *na* harro.	Don't forget *us*.

Third Person Masculine

	Singular	Plural
Nom.	**ai** he	**ata** they
Gen.	**i/e atij** of him	**i/e atyre** of them
Dat.	**atij, i** him	**atyre, u** them
Acc.	**atë (të), e** him	**ata (ta), i** them
Abl.	**atij (tij)** him	**atyre (tyre)** them

Third Person Feminine

	Singular	Plural
Nom.	**ajo** she	**ato** they
Gen.	**i/e asaj** of her	**i/e atyre** of them
Dat.	**asaj, i** her	**atyre, u** them
Acc.	**atë (të), e** her	**ato (to), i** them
Abl.	**asaj (saj)** her	**atyre (tyre)** them

The **i** and **e** in the genitive case are used when the personal pronoun is preceded by a masculine or feminine noun respectively. For example, **libri i asaj** *the book of her (her book)* or **motra e asaj** *the sister of her (her sister)* or **libri i atij** *the book of him (his book)* or **motra e atij** *the sister of him (his sister).*

***Asaj i* erdhi avioni.**
Her flight is here. (*lit*: The airplane came to *her*.)

***Ato i* kam këtu.**
I have *them* here.

Bëji të fala *atij*.
Give my best to *him*. (*lit:* Give him regards to him.)

Ky është libri *i atyre*.
This is *their* book.

USHTRIME EXERCISES

12.4. Nënvizoni trajtat e plota dhe rrethoni trajtat e shkurtra të përemrave vetorë.
Underline the full forms and circle the short forms of the personal pronouns.

Shembull Example:

Drini dhe Mira po(e)çojnë atë në aeroport.

a) Ajo do të niset për në Amerikë.

b) Drini ndalon makinën. Ai e parkon atë në aeroport.

c) Unë e mora atë në telefon.

d) Ku i ke ato?

e) Ne shpresojmë që të vish përsëri.

f) Mos na harro ne.

g) Na shkruaj.

h) Bëji të fala atij.

i) Më thuaj.

j) Do ishte kënaqësi për mua.

12.5. Lexoni përsëri dialogjet 12.1 dhe 12.2 dhe përgjigjjuni pyetjeve të mëposhtme.
Read dialogues 12.1 and 12.2 again and answer the following questions.

a) Për ku do të niset Besa?

____

b) Kush po e çon atë me makinë në aeroport?

____

c) Me çfarë linje do të udhëtojë Besa?

____

d) Kur niset avioni?

____

e) Sa zgjat udhëtimi?

____

f) Po Bledi pse nuk erdhi në aeroport?

____

g) A ka dëshirë Besa që të vijë përsëri në Shqipëri?

____

h) Ku shkon shpesh Drini?

____

i) Ku e ka familjen Drini?

____

12.6. Përktheni në anglisht.
Translate into English.

a) Besa do të niset për në Amerikë.

____

b) Besa do të udhëtojë me Austrian Airlines.

____

c) Avioni niset në orën 3:15 pasdite.

____

d) Udhëtimi zgjat rreth 15 orë.

____

e) Bledi nuk erdhi në aeropot.

____

f) Ai ishte në punë.

____

g) Ku i ke biletat?

____

h) Ja ku janë.

____

i) Mos na harro. Na shkruaj.

____

j) Faleminderit për gjithçka.

---

k) Bëji të fala Bledit.

Famous Albanians

William G. Gregory, born in 1957 in New York of Albanian descent, is a former NASA astronaut. Before joining NASA, Gregory attended the United States Air Force Academy then served as an operational fighter pilot and test pilot. Just four years after being selected to become an astronaut, Gregory piloted the STS-67 mission, an astronomical research mission aboard the Space Shuttle Endeavour in March 1995. He logged 400 hours in space and retired with the rank Lieutenant Colonel (USAF) in 1999.

MËSIMI 13
LESSON 13

LETËR NGA NJË SHOQE
LETTER FROM A FRIEND

In this lesson you will learn:

how to write a letter in Albanian

how to use the imperfect tense

the simple past tense

2: 34

LETËR NGA NJË SHOQE

E dashur Besa,

Si je ti? Si po ia kalon? Ne të gjithë jemi shumë mirë.

Unë kujtoj me mall kohën kur ti ishe në Shqipëri. Kur erdhe ti flisje pak shqip. Ti doje të mësoje se si të flisje më shumë shqip. Në fillim, jeta në Shqipëri ishte pak e vështirë për ty. Por shumë shpejt ti mësove se si të bësh shumë gjëra vetë.

Unë nuk e harroj kurrë udhëtimin që bëmë në Krujë, Vlorë, Sarandë dhe Gjirokastër. Ishte udhëtim i gjatë por shumë i bukur.

Nuk do ta harroj ditën që të çuam në aeroport. Ti ishe edhe e gëzuar edhe e hidhëruar.

Së shpejti, unë filloj përsëri shkollën. Bledi vazhdon të punojë në të njëjtën punë. Ai të bën shumë të fala. Drini ndodhet me pushime në Kosovë.

Bëji shumë të fala familjes tënde. Mua më ka marrë malli për ty. Më shkruaj dhe më dërgo fotografi.

Me shumë dashuri,
Mira

LETTER FROM A FRIEND

Dear Besa,

How are you? How are you doing? We are all doing very well.

I remember fondly the time when you were in Albania. When you came, you spoke little Albanian. You wanted to learn how to speak more Albanian. At first, life in Albania was a little hard for you. But very soon you learned how to do many things yourself.

I will never forget the trip we took to Krujë, Vlorë, Sarandë and Gjirokastër. It was a long trip but very beautiful.

I will not forget the day that we took you to the airport. You were both happy and sad.

Soon, I start school again. Bledi continues to work at the same job. He sends his very best. Drini is on vacation in Kosovo.

Give my very best to your family. I miss you. Write me and send me pictures.

With lots of love,
Mira

FJALOR
VOCABULARY

bëmë [*buh*·muh] (we) made
çuam [*choo*·am] (we) took (someone or something somewhere)
dashuri [da·shoo·*ree*] *n, f* love
dërgoj [duhr·*goy*] to send
doje [*do*·ye] (you) wanted
filloj [fee·*lloy*] to start
flisje [*flee*·sye] (you) spoke
fotografi [fo·to·gra·*fee*] *f* photo
gjëra [*dyuh*·ra] *f* things
kohë [*ko*·huh] *f* time
e dashur [e *da*·shoor] *f* dear
e gëzuar [e guh·*zoo*·ar] *f* happy
i gjatë [ee *dya*·tuh] *m* long
e hidhëruar [ee hee·thuh·*roo*·ar] *f* sad
e vështirë [e vuhsh·*tee*·ruh] *f* difficult
kujtoj [kooy·*toy*] to remember
kurrë [*koo*·rruh] never
letër [*le*·tuhr] *f* letter
mësove [muh·*so*·ve] (you) learned
shpejt [shpeyt] soon
të gjithë [tuh *dyee*·thuh] all
të njëjtën [tuh *ñuhy*·tuhn] the same
tënde [*tuhn*·de] *inform* your
vazhdoj [vazh·*doy*] to continue
vetë [*ve*·tuh] by oneself

SHPREHJE
EXPRESSIONS

Si po ia kalon?
How are you doing?, How is it going?

kujtoj me mall
to remember fondly
(*lit:* to remember with feelings of missing someone)

me shumë dashuri
with lots of love

GRAMATIKË
GRAMMAR

FOLJET
VERBS

Koha e pakryer
Imperfect tense

As mentioned in the previous lesson the imperfect tense in Albanian shows a continuous state of being or a repeated and/or regular action in the past. In English this tense can be translated with a verb in the simple past tense or preceded by *used to*. For example, the sentence **Unë shkoja në shkollë çdo ditë** can be translated into English in two ways: *I used to go to school every day* or *I went to school every day*.

With the exception of the verbs **jam** *to be* and **kam** *to have*, all other verbs have the same endings in the imperfect tense. In the third person singular those verbs whose stem ends with a vowel receive the ending **-nte** instead of just **-te**. Below are some examples:

hap [hap] (to open)

	Singular	Plural
1st	**unë hapja** I opened	**ne hapnim** we opened
2nd	**ti hapje** you opened	**ju hapnit** you opened
3rd	**ai/ajo hapte** he/she opened	**ata/ato hapnin** they opened

lexoj (to read)

	Singular	Plural
1st	**unë lexoja** I read	**ne lexonim** we read
2nd	**ti lexoje** you read	**ju lexonit** you read
3rd	**ai/ajo lexonte** he/she read	**ata/ato lexonin** they read

As mentioned above the verbs **kam** *to have* and **jam** *to be* are irregular verbs and have irregular imperfect forms:

kam (to have)

	Singular	Plural
1st	**unë kisha** I had	**ne kishim** we had
2nd	**ti kishe** you had	**ju kishit** you had
3rd	**ai/ajo kishte** he/she had	**ata/ato kishin** they had

jam (to be)

	Singular	Plural
1st	**Unë isha** I was	**ne ishim** we were
2nd	**ti ishe** you were	**ju ishit** you were
3rd	**ai/ajo ishte** he/she was	**ata/ato ishin** they were

Unë *nuk e hapja* gojën.
I *didn't open* my mouth.

Ata *lexonin* gazetën çdo mëngjes.
They *read* the newspaper every morning.

Bledi shpesh *kishte* shumë punë.
Bledi often *had* a lot of work.

Ju *ishit* në Shqipëri.
You *were* in Albania.

Koha e kryer e thjeshtë
Simple past tense

The simple past tense in Albanian shows an action that happened in the past at a particular point in time.

Dje pasdite *lexova* në bibliotekë.
Yesterday afternoon, I *read* at the library.

In this case, the verb **lexova** *read* in the simple past tense shows an action that happened at a specific time in the past.

In the simple past tense, verbs that end with a **-j** have the same endings. In the plural form, the stem vowel changes from **-o** to **-ua**. Below are some examples:

lexoj (to read)

	Singular	Plural
1st	**unë lexova** I read	**ne lexuam** we read
2nd	**ti lexove** you read	**ju lexuat** you read
3rd	**ai/ajo lexoi** he/she read	**ata/ato lexuan** they read

mësoj (to learn)

	Singular	Plural
1st	**unë mësova** I learned	**ne mësuam** we learned
2nd	**ti mësove** you learned	**you mësuat** you learned
3rd	**ai/ajo mësoi** he/she learned	**ata/ato mësuan** they learned

çoj (to send)

	Singular	Plural
1st	**unë çova** I sent	**ne çuam** we sent
2nd	**ti çove** you sent	**you çuat** you sent
3rd	**ai/ajo çoi** he/she sent	**ata/ato çuan** they sent

Ne *lexuam* një libër të bukur dje.
We *read* a nice book yesterday.

Besa *mësoi* shqip kur ishte në Shqipëri.
Besa *learned* Albanian when she was in Albania.

Ne i *çuam* një letër Besës.
We *sent* a letter to Besa.

USHTRIME
EXERCISES

13.1. Vini foljet në kllapa në kohën e pakryer.
Put the verbs in parentheses in the imperfect tense.

Shembull **Example:**

Në fillim Besa (flas) __________ pak shqip.
Në fillim Besa __fliste__ pak shqip.

a) Mira dhe Besa shpesh (lexoj) ______________ bashkë në bibliotekë.

b) Në fillim jeta në Shqipëri (jam) _____________ e vështirë për Besën.

c) Besa (shkoj) ______________ në shkollë çdo ditë.

d) Ju (punoj) _______________ tetë orë në ditë.

e) Ne (kam) _______________ shumë libra kur (jam) ________________ në shkollë.

13.2. Vini foljet në kllapa në kohën e kryer të thjeshtë.
Put the verbs in parentheses in the simple past tense.

Shembull **Example:**

Besa (shkoj) __________ për darkë në shtëpinë e Mirës.
Besa __shkoi__ për darkë në shtëpinë e Mirës.

a) Besa (shkoj) ___________ në Shqipëri për të mësuar shqip.

b) Unë (mësoj) ____________ si të bëj shumë gjëra vetë.

c) Mbrëmë, ata (shkoj) ____________ për darkë në restorant.

d) Ju (lexoj) ____________ një libër të bukur dje.

e) Ata nuk (punoj) ___________ sot në mëngjes.

2: 35

13.3. Dëgjoni audio dhe vini foljet në kllapa në kohën e duhur.

Listen to the audio and put the verbs in parentheses in the correct tense.

E dashur Besa,

Si (jam) ____________? Ne të gjithë (jam) ___________ mirë. Unë (kujtoj) ___________ me mall kohën kur ti (jam) ___________ në Shqipëri. Në fillim ti (flas) ___________ pak shqip. Por shumë shpejt ti (mësoj) __________ se si të flasësh mirë shqip. Nuk do ta harroj ditën që të (çoj) __________ në aeroport. Ti (jam) __________ edhe e gëzuar edhe e hidhëruar. Së shpejti, unë (filloj) __________ përsëri shkollën. Drini (ndodhem) ___________ me pushime në Kosovë.

Më (shkruaj) __________ dhe më (dërgoj) __________ fotografi.

Me dashuri,

Mira

(*To read the sentences for this exercise see the Answer Key, page 241.*)

13.4. Lexoni përsëri letrën në fillim të këtij mësimi dhe përgjigjjuni pyetjeve të mëposhtme.
Read the letter at the beginning of this lesson again and answer the following questions.

a) Çfarë donte të mësonte Besa në Shqipëri?

____

b) Si ishte në fillim jeta në Shqipëri për Besën?

____

c) Ku shkoi për udhëtim Besa?

____

d) Si ishte udhëtimi në Krujë, Vlorë, Sarandë dhe Gjirokastër?

____

e) Kush e çoi Besën në aeroport?

____

f) Çfarë do të fillojë Mira së shpejti?

____

g) Ku ndodhet Drini?

____

13.5. Përktheni në anglisht.
Translate into English.

a) Si po ia kalon?

____

b) Unë kujtoj me mall kohën kur ti ishe në Shqipëri.

____

c) Ti doje të mësoje se si të flisje më shumë shqip.

____

d) Shumë shpejt ti mësove se si të bësh shumë gjëra vetë.

____

e) Bledi vazhdon të punojë në të njëjtën punë.

____

f) Bëji shumë të fala familjes tënde.

____

g) Mua më ka marrë malli për ty.

____

h) Më shkruaj dhe më dërgo fotografi.

____

Final Cultural Tip

It is important to point out that Albanians are understanding and not offended when foreign guests or visitors do not respond appropriately to their cultural traditions. They are warm, kind-hearted people who will go out of their way to help a guest or visitor as much as or even more than they would help their own family members.

However, it is important to note that because of foreign influence, some of these traditions and cultural characteristics are breaking, especially in the capital, Tirana, and many other major cities. In addition, many Albanians have a better understanding of the Western culture because they have travelled abroad and because many foreign visitors have been in Albania. This is especially true of the head movements for saying "yes" or "no." As confusing as it might seem at times, be prepared to experience some comical situations that may result from it.

APPENDIX

EXPRESSIONS

ALBANIAN-ENGLISH

bëj pazarin to go shopping
bëj të fala to send one's best
Ç'kemi? What's up?
Çfarë dëshironi të porositni? What would you like to order?
Çfarë po bën? What are you doing?
Çfarë pune bën? *inform* What kind of work do you do?
Çfarë pune bëni? *form* What kind of work do you do?
çoj me makinë to take someone or something somewhere by car
Ditën e mirë! (Have a) good day!
Do ishte kënaqësi. It would be a pleasure.
dukem si to look like
është gati is ready
Faleminderit për gjithçka. Thank you for everything.
flas në telefon to speak on the phone
fle gjumë to sleep
Gëzohem që u njohëm. I am glad / nice to meet you.
Ja ku janë. Here they are.
jam ftohur to have a cold
Jam me temperaturë. I have a fever.
ju lutem please
kam dëshirë to desire
Kam dhimbje koke. I have a headache.
Kam ftohtë. I am cold.

Kam kënaqësi … It is a pleasure …
kam nevojë to need
Kam nxehtësi. I am hot.
Kënaqësia është e imja. The pleasure is mine.
Ku i ke …? Where are your …?
kujtoj me mall to remember fondly
laj dhëmbët to brush teeth
marr me qira to rent
marr në telefon to call on the phone
marr taksi to take a taxi
Më dhembin grykët. I have a sore throat.
Më falni. Excuse me.
Më janë bllokuar hundët. I have a stuffy nose.
më merr malli për to miss someone
Më merren mendtë. I am dizzy.
më parë at first
Më pëlqen. I like it.
Më rrjedhin hundët. I have a runny nose.
me shumë dashuri with lots of love
me shumë kënaqësi with much pleasure
Më vjen për të vjellë. I feel nauseous.
Mirë jam. I am fine.
Mirë se erdhët! Welcome!
Mos na harro. Don't forget us.
në fillim at first
në rregull okay, that's fine
në të majtë on the left
niset për pesë minuta leaves in five minutes
një gjysmë kile half a kilo
një gotë ujë a glass of water
një herë në ditë once a day
pa problem fare no problem at all
pas buke after your meal
pas pak minutash a few minutes later

për sa for how many, for how much
përgatis mëngjesin to prepare breakfast
përgjigjem në telefon to answer the phone
po të duash if you want, if you would like
po, patjetër yes, of course
posi, patjetër yes, of course
që dje since yesterday
S'ka përse. You are welcome.
Sa është ora? What time is it?
Sa janë ...? How much are ...?
Sa kushton? How much does it cost?
së shpejti soon
shkoj me pushime to go on vacation
shkoj në shkollë to go to school
shkoj për darkë to go out to dinner
shkojmë bashkë (we) go together
Si i doni lekët? How do you want the money?
Si je? *inform* How are you ?
Si jeni? *form, pl* How are you?
Si mund t'ju ndihmoj? How can I help you?
Si mund të ndihmoj? How can I help?
si për shembull for example
Si po ia kalon? How are you doing?, How is it going?
ta gëzosh may you enjoy it, may you wear it well
tarifë ditore daily rate
Udhë të mbarë! Have a good trip!
Urdhëroni! Here you are!
vij për vizitë to visit

EXPRESSIONS

ENGLISH-ALBANIAN

after a meal pas buke
answer the phone, to përgjigjem në telefon
at first më parë, në fillim
brush teeth, to laj dhëmbët
daily rate tarifë ditore
Don't forget us. Mos na harro.
excuse me më falni
a few minutes later pas pak minutash
for example (si) për shembull
for how many për sa
for how much për sa
a glass of water një gotë ujë
go on vacation, to shkoj me pushime
go shopping, to bëj pazarin
go to dinner, to shkoj për darkë
go to school, to shkoj në shkollë
half a kilo një gjysmë kile
have a cold, to jam ftohur
(Have a) good day! Ditën e mirë!
Have a good trip! Udhë të mbarë!
Here they are. Ja ku janë.
Here you are! Urdhëroni!
How are you doing? Si po ia kalon? *inform*, Si po ia kaloni? *form*, *pl*
How are you? Si je? *inform*, Si jeni? *form*, *pl*
How can I help? Si mund të ndihmoj?
How can I help you? Si mund t'ju ndihmoj?
How do you want the money? Si i doni lekët?
How much are ...? Sa janë ...?
How much does it cost? Sa kushton?

I am dizzy. Më merren mendtë.
I am fine. Mirë jam., Jam mirë.
I am hot. Kam nxehtësi / vapë.
I am cold. Kam ftohtë.
I feel nauseous. Më vjen për të vjellë.
I have a fever. Jam me temperaturë.
I have a headache. Kam dhimbje koke.
I have a runny nose. Më rrjedhin hundët.
I have a sore throat. Më dhembin grykët.
I have a stuffy nose. Më janë bllokuar hundët.
I like it. Më pëlqen.
if you want po të duash *inform*, po të doni *form, pl*
if you would like po të dëshironi, po të doni *form, pl*
in five minutes për pesë minuta
It is a pleasure. Me kënaqësi.
It is ready. Është gati.
It would be a pleasure. Do ishte kënaqësi.
look like, to dukem si
miss someone, to më merr malli për
Nice to meet you. Gëzohem që u njohëm.
no problem at all pa problem fare
okay mirë, në rregull
on the left në të majtë
on the right në të djathtë
once a day një herë në ditë
prepare breakfast, to përgatis mëngjesin
remember fondly, to kujtoj me mall
send one's best, to bëj të fala
since yesterday që dje
take a taxi, to marr taksi
Thank you for everything. Faleminderit për gjithçka.
that's fine mirë, në rregull
The pleasure is mine. Kënaqësia është e imja.
What are you doing? Çfarë po bën?

What kind of work do you do? Çfarë pune bën? *inform*, Çfarë pune bëni? *form, pl*
What time is it? Sa është ora?
What would you like to order? Çfarë dëshironi të porositni?
What's up? Ç'kemi?
Where are your ...? Ku i ke ...?
with lots of love me shumë dashuri
with much pleasure me shumë kënaqësi
yes, of course po, patjetër; posi, patjetër
You are welcome. S'ka përse.

ANSWER KEY FOR EXERCISES

LESSON 1

1.1: a) mirëmëngjes; mirëdita; mirëmbrëma; b) unë quhem (insert your name); gëzohem që u njohëm.

1.2: jam; jeni; jam; është; është; quhet; quhem; quheni; quhem

1.3: zero; një; dy; tre; katër; pesë; gjashtë; shtatë; tetë; nëntë; dhjetë

1.4: a) Mirëdita!; b) Unë quhem (*insert your name*).; c) Unë jam nga (*insert the name of a place*).; d) Gjithashtu; e) Mirupafshim

LESSON 2

2.1: je; jam; je; bën; studioj; bën; lexoj

2.2: a) flas; b) mirë; c) flet; d) ne; e) shqip; f) lexon; g) flas; h) po

2.3: a) Mirëmëngjes!; b) Mirë. Po ju si jeni?; c) Po, unë flas shqip.; d) Jo, unë nuk lexoj mirë shqip.; e) Unë po lexoj një libër.; f) Po, patjetër.
(*Note: These are possible answers.*)

2.4: a) Si je? or Si jeni?; b) Mirë jam.; c) Çfarë po bën këtu?; d) Unë po studioj.; e) Ai flet mirë shqip.; f) Ne nuk lexojmë mirë shqip.; g) Unë dua të flas më shumë shqip.; h) Mund të flasim bashkë shqip?; i) Shumë faleminderit.; j) Kam kënaqësi.; k) Kënaqësia është e imja.

LESSON 3

3.1: quheni; quhem; jeni; juaj; janë; juaj; janë; keni; kam

3.2: a) ka; b) ke; c) kemi; d) kanë; e) kam

3.3: a) im; b) juaj; c) juaj *or* jote; d) ime; e) e saj; f) i tyre

3.4: quhem; quhem; njohëm; jeni; jam; është; Amerikë; babai; quhet; Si; quhet

3.5: a) Besa shkon te shtëpia e Mirës.; b) Babai im është amerikan. Ai flet vetëm anglisht.; c) Nëna ime është shqiptare. Ajo flet shqip dhe anglisht.; d) Unë kam një vëlla dhe një motër.; e) Besa po mëson shqip.; f) Motra ime është studente.; g) Ai është inxhinier.; h) Të merr malli për familjen?; i) Unë flas shpesh me ata në telefon.

LESSON 4

4.1: a) dhjetë paradite; b) njëmbëdhjetë e një çerek paradite; c) një e gjysmë pasdite; d) tre pa një çerek pasdite; e) nëntë e pesë paradite; f) katër pa pesë pasdite; g) katër e njëzet e pesë e mëngjesit; h) nëntë pa njëzet e darkës

4.2: a) 8:00 a.m.; b) 9:10 a.m.; c) 2:15 p.m.; d) 6:30 p.m.; e) 10:45 a.m.; f) 12:20 p.m.; g) 2:50 p.m.; h) 4:35 a.m.

4.3: a) është; b) bën; c) zgjohet; d) pastron; e) shkon; f) bën pushim; g) do të shkojnë; 8) (do të) takohen

4.4: i. d) të dielave; ii. b) në orën shtatë; iii. c) do të pastrojë apartamentin; iv. d) shkon në bibliotekë; v. c) të shtunën.

Text read on audio for this exercise:

i) Të dielave Besa bën pazarin. Kur e bën pazarin Besa?
ii) Besa zgjohet çdo ditë në orën shtatë. Kur zgjohet Besa çdo ditë?
iii) Besa do të pastrojë apartamentin. Çfarë do të bëjë Besa?
iv) Besa shkon në bibliotekë. Çfarë bën Besa?
v) Besa bën pushim të shtunën. Kur bën pushim Besa?

LESSON 5

5.1: a) kjo; b) ky; c) ai; d) ajo; e) kjo

5.2: a) restoranti; b) sallata; c) shoqja; d) byreku; e) kamerieri; f) zonjusha; g) gjella; h) nëna

5.3: a) e lodhur; b) e shijshme; c) i mirë; d) i mirë; e) i lodhur

Text read on audio for this exercise:

a) Besa është e lodhur.
b) Gjella me patëllxhan është e shijshme.
c) Byreku me spinaq është i mirë.
d) Drini është shok i mirë.
e) Bledi është i lodhur.

5.4: i. a) restorant; ii. a) e shijshme; iii. d) i mirë; iv. c) patëllxhan të mbushur

Text read on audio for this exercise:

i) Drini, Mira dhe Besa janë në restorant.
ii) Kjo sallata është e shijshme.
iii) Byreku me spinaq është i mirë.
iv) Besa porosit patëllxhan të mbushur.

5.5: a) Po, Drini, Mira dhe Besa janë në restorant.; b) Po, sallata është e shijshme.; c) Byreku është i mirë.; d) Besa porosit patëllxhan të mbushur.; e) Drini porosit mish pule me pilaf dhe Mira porosit fërgesë.; f) Po, gjella me patëllxhan është shumë e mirë.; g) Të shtunën Besa, Mira dhe Drini do të gatuajnë gjellë me patëll-xhan.; h) Besa porosit bakllava.; i) Drini porosit krem karamel.; j) Mira porosit akullore.

5.6: a) Drini, Mira, and Besa are at a restaurant.; b) This salad is delicious.; c) This spinach pie is good.; d) The waiter comes.; e) I want fërgesë and lemon tea, please.; f) With much pleasure.; h) May I see the menu, please?; i) Thanks for the invite.; j) By no means.; k) You are very generous.

LESSON 6

6.1: a) disa shokë; b) disa shoqe; c) disa inxhinierë; d) disa speca; e) disa shkolla; f) disa perime; g) disa dyqane; h) disa motra; i) disa apartamente; j) disa telefona; k) disa trasta

6.2: a) rrobat; b) gazetat; c) televizorët; d) byrekët; e) gotat; f) familjet; g) dyqanet; h) motrat; i) restorantet; j) telefonat; k) trastat

6.3: a) duam; b) doni; c) do; d) shesin; e) shisni; f) shes; g) shet

6.4: treg; çfarë; duhet të blejmë; perimet; janë; doni; dua; gjithsej; kushtojnë; faleminderit; përse

Text read on audio for this exercise:
Të premten Drini dhe Besa takohen në treg.
Drini: Çfarë duhet të blejmë, Besa?
Besa: Duhet të blejmë qepë, hudhra, speca, domate, patëllxhanë dhe mish të grirë.

Ata shikojnë perimet.
Besa: Sa janë këto domatet?
Shitësja: Një mijë lekë kilja. Sa kile doni?
Besa: Dua një kile. Sa kushtojnë gjithsej?
Shitësja: Gjithsej kushtojnë një mijë e nëntëqind lekë.
Besa: Shumë faleminderit.
Shitësja: S'ka përse.

6.5: a) Drini and Besa meet at the market.; b) They look at the vegetables.; c) How much are these tomatoes?; d) How many kilos do you want?; e) I want one kilo.; f) How much do they cost total?; g) You are welcome.; h) This store sells ground meat.; i) With bags in their hands.; j) Besa and Drini go home.

LESSON 7

7.1: a) duhet të ndezë; b) mund të ndihmoj; c) mund të grish; d) duhet të bëjnë; e) duhet të lajnë; f) mund të ndihmojë

7.2: a) qepët; b) sobën; c) hudhrat; d) frigoriferin; e) qepët; f) perimet; g) apartamentin; h) gazetën

7.3: a) vëre; b) hidhi; c) merri, hidhi; d) sille; e) ndizeni; f) futeni

7.4: i. a) te shtëpia e Besës; ii. c) në frigofer; iii. d) të lajë perimet; iv. c) vaj ulliri; v. d) në tavë; vi. b) në furrë

Text read on audio for this exercise:
i) Mira, Bledi dhe Drini shkojnë te shtëpia e Besës.
ii) Perimet janë në frigorifer.
iii) Drini mund të lajë perimet.
iv) Besa duhet të hedhë vaj ulliri në tigan.
v) Ata e hedhin gjellën në tavë.
vi) Besa e vë tavën në furrë.

7.5: a) Where are the vegetables?; b) They are in the refrigerator.; c) And me, how can I help?; d) The stove is ready.; e) What should we do now?; f) Now we need to chop the vegetables.; g) The bell peppers, tomatoes, and eggplants are ready.; h) Thank you for the help.; i) You are welcome.

LESSON 8

8.1: a) Tani është qershor.; b) Besa është te stacioni i autobusit.; c) Besa do të shkojë në Durrës.; d) Autobusi niset për pesë minuta.

Text read on audio for this exercise:
a) Tani është qershor.
b) Besa është te stacioni i autobusit.
c) Besa do të shkojë në Durrës.
d) Autobusi niset për pesë minuta.

8.2: a) ka ardhur; b) ka vendosur; c) kam pjekur; d) kanë fjetur; e) ka ardhur; f) kemi jetuar; g) keni folur

8.3: a) Besa shkon te taksitë.; b) Besa merr taksi.; c) Taksia kushton njëqind lekë.; d) Besa i jep lekët shoferit.; e) Besa hyn në hotel.

Text read on audio for this exercise:
a) Besa shkon te taksitë.
b) Besa merr taksi.
c) Taksia kushton njëqind lekë.
d) Besa i jep lekët shoferit.
e) Besa hyn në hotel.

8.4: a) nominative; b) genitive; c) accusative; d) dative; e) nominative; f) accusative; g) ablative

8.5: a) Now it is June and summer has come.; b) Besa is at the bus stop.; c) Excuse me.; d) Where does this bus go?;

e) The bus leaves in five minutes.; f) Have a good trip.; g) Besa takes a taxi.; h) She gets off the bus and goes to the taxies.; i) No problem at all.; j) How much does the taxi cost?; k) The driver takes the money and thanks Besa.

LESSON 9

9.1: i. b) të udhëtojë; ii. a) në bankë; iii. a) pranë supermarketit; iv. b) dhjetë metra

Text read on audio for this exercise:
i) Besa ka vendosur të udhëtojë.
ii) Besa do të shkojë në bankë.
iii) Banka ndodhet pranë supermarketit.
iv) Besa ecën dhjetë metra.

9.2: me, nëpër, në, afër, përballë, nga, për në, nga, në, mbi, në, me

9.3: i. c) në bankë; ii. c) 7810; iii. d) dyzet mijë; iv. b) pesëqindëshe

Text read on audio for this exercise:
i) Besa është në bankë.
ii) Numri i llogarisë së Besës është 7810.
iii) Besa tërheq dyzet mijë lekë
iv) Besa i do lekët pesëqindëshe.

9.4: a) bankë; b) hotelit; c) banka; d) banka; e) hoteli; f) semafori; g) numrin; h) supermarketit; i) arkëtaren

9.5: a) Besa has decided to travel around Albania.; b) She needs to find a bank.; c) A beautiful day today, isn't it?; d) Can you help me with something?; e) Yes, of course. What do you need?; f) Turn right and go straight.; g) Walk about another ten meters.; h) How can I help you?; i) I want to withdraw some money.; j) What is your account number?; k) How would you like the money?; l) You're welcome. Good day.

LESSON 10

10.1: a) Besa, Drini dhe Mira do të udhëtojnë nëpër Shqipëri.; b) Besa do një makinë Land Rover.; c) Besa e do makinën për gjashtë ditë.; d) Tarifa ditore është dyzet e pesë euro.; e) Besa i jep paratë agjentit.; f) Agjenti i jep Besës çelësat e makinës.

Text read on audio for this exercise:

a) Besa, Drini dhe Mira do të udhëtojnë nëpër Shqipëri.
b) Besa do një makinë Land Rover.
c) Besa e do makinën për gjashtë ditë.
d) Tarifa ditore është dyzet e pesë euro.
e) Besa i jep paratë agjentit.
f) Agjenti i jep Besës çelësat e makinës.

10.2: a) Amerikanët; b) çelësat, makinës; c) paratë; d) biblioteka; e) perimet; f) libra; g) dhëmbët

10.3: shkojmë; mendoj; shkojmë; është; ndodhet; mendoj; shkojmë; janë; janë; duken; është; ndalojmë

Text read on audio for this exercise:

Mira: Besa, ku do të shkojmë në fillim?
Besa: Mendoj që në fillim të shkojmë në Krujë.
Mira: Kruja është qytet historik. Atje ndodhet muzeu i Skënderbeut.
Besa: Pastaj mendoj që të shkojmë në Vlorë, Sarandë dhe Gjirokastër.
Mira: Vlora dhe Saranda janë qytete të bukura bregdetare. Në Gjirokastër shtëpitë janë të ndërtuara me gur. Ato duken si kështjella të vogla.
Drini: Ora është dymbëdhjetë. A ndalojmë për drekë tek ai restoranti atje?

10.4: a) ditore; b) shqiptare; c) e mirë; d) e shijshme; e) historike; f) e bukur; g) bregdetare; h) e vogël; i) amerikane; j) e mbarë

LESSON 11

11.1: Mirë jam, Linda. Po ti si je?; Pse? Çfarë ke?; Po, patjetër.

11.2: Mirëdita, doktor. Kam dhimbje koke dhe më dhembin grykët; Që dje; Jo, nuk më dhemb asgjë tjetër; Jam (insert your age here) vjeç; Faleminderit. Ditën e mirë. (*Note: These are possible answers.*)

11.3: a) Kush jeni ju?; b) Çfarë pune bëni?; c) Ç'kemi?; d) Sa është ora?; e) Kur niset autobusi?; f) Pse po shkon në bibliotekë?; g) Ku janë librat? (*Note: These are possible answers.*)

11.4: a) Bledi përgjigjet në telefon.; b) Besa ka dhimbje koke dhe i dhembin grykët.; c) Mira ka shkuar në dyqan.; d) Besa dhe Bledi shkojnë te doktori.; e) Besa ka dhimbje koke dhe i dhembin grykët.; f) Që dje.; g) Doktori i rekomandon Besës që të bëjë pushim.; h) Besa duhet të hajë ushqime me vitaminë C.

11.5: a) Besa calls Mira on the phone.; b) What's up Besa? How are you?; c) I have a headache and my throat hurts.; d) I need a doctor.; e) If you would like, I can come and get you by car.; f) What bothers you?; g) Since yesterday.; h) Take a deep breath.; i) You have a cold.; j) For example.

LESSON 12

12.1: i. c) në aeroport; ii. c) për në Amerikë; iii. b) me Austrian Airlines; iv. c) në orën 3:15; v. d) pesëmbëdhjetë orë

Text read on audio for this exercise:
i) Besa është në aeroport.
ii) Besa do të niset për në Amerikë.
iii) Besa do të udhëtojë me Austrian Airlines.
iv) Avioni niset në orën 3:15.
v) Udhëtimi zgjat pesëmbëdhjetë orë.

12.2: a) ishin; b) ishte; c) ishte

12.3: a) erdhën; b) mori; c) erdhën; d) morëm; e) erdhi

12.4: a) ajo (*full form*)
b) ai (*full form*); e (*short form*); atë (*full form*)
c) unë (*full form*); e (*short form*); atë (*full form*)
d) i (*short form*); ato (*full form*)
e) ne (*full form*)
f) na (*short form*); ne (*full form*)
g) na (*short form*)
h) atij (*full form*)
i) më (*short form*)
j) mua (*full form*)

12.5: a) Besa do të niset për në Amerikë.; b) Drini dhe Mira po e çojnë me makinë në aeroport.; c) Besa do të udhëtojë me Austrian Airlines.; d) Avioni niset në orën 3:15 pasdite.; e) Udhëtimi zgjat pesëmbëdhjetë orë.; f) Bledi nuk erdhi në aeroport sepse ishte në punë.; g) Po, Besa ka dëshirë që të vijë përsëri në Shqipëri.; h) Drini shkon shpesh në Kosovë.; i) Në Kosovë.

12.6: a) Besa will leave for America.; b) Besa will travel with Austrian Airlines.; c) The plane leaves at 3:15 p.m.; d) The trip lasts for about 15 hours.; e) Bledi didn't come to the airport.; f) He was at work.; g) Where are your tickets?; h) Here they are.; i) Don't forget us. Write us.; j) Thank you for everything.; k) Give my best to Bledi.

LESSON 13

13.1: a) lexonin; b) ishte; c) shkonte; d) punonit; e) kishim, ishim.

13.2: a) shkoi; b) mësova; c) shkuan; d) lexuat; e) punuan

13.3: jeni; jemi; kujtoj; ishe; flisje; mësove; çuam; ishe; filloj; ndodhet; shkruaj; dërgo

Text read on audio for this exercise:
E dashur Besa,

Si jeni? Ne të gjithë jemi mirë. Unë kujtoj me mall kohën kur ti ishe në Shqipëri. Në fillim ti flisje pak shqip. Por shumë shpejt ti mësove se si të flasësh mirë shqip. Nuk do ta harroj ditën që të çuam në aeroport. Ti ishe edhe e gëzuar edhe e hidhëruar. Së shpejti, unë filloj përsëri shkollën. Drini ndodhet me pushime në Kosovë.

Më shkruaj dhe më dërgo fotografi.

Me dashuri,
Mira

13.4: a) Besa donte të mësonte shqip në Shqipëri.; b) Në fillim jeta në Shqipëri ishte pak e vështirë për Besën.; c) Besa shkoi për udhëtim në Krujë, Vlorë, Sarandë dhe Gjirokastër.; d) Ishte udhëtim i gjatë por shumë i bukur.; e) Drini dhe Mira e çuan Besën në aeroport.; f) Së shpejti, Mira do të fillojë shkollën.; g) Drini ndodhet në Kosovë.

13.5: a) How are you doing?; b) I remember fondly the time when you were in Albania.; c) You wanted to learn how to speak more Albanian.; d) Very soon you learned how to do many things yourself.; e) Bledi continues to work at the same job.; f) Give my very best to your family.; g) I miss you.; h) Write me and send me pictures.

GLOSSARY

ALBANIAN-ENGLISH

A

aeroport [a·e·ro·*port*] *m* airport
afër [*a*·fuhr] close
agjent [a·*dyent*] *m* agent
ai [a·*ee*] he
ajkë [*ay*·kuh] *f* cream
amerikan [a·me·ree·*kan*] *m* American
angjinare [an·dyee·*na*·re] *f* artichoke
anglisht [an·*gleesht*] English
apartament [a·par·ta·*ment*] *m* apartment
aperitiv [a·pe·ree·*teev*] *m* appetizer
apo [a·*po*] or
argjend [ar·*dyend*] *m* silver
arkëtare [ar·kuh·*ta*·re] *f* teller
arrij [a·*rreey*] to arrive
art [art] *m* art
atëherë [a·tuh·*he*·ruh] then
atje [a·*tye*] there
aty [a·*tü*] there
autobus [a·oo·to·*boos*] *m* bus
avion [a·vee·*on*] *m* airplane

B

baba [*ba*·ba] *m* father
bamje [*ba*·mye] *f* okra
banane [ba·*na*·ne] *f* banana
bankë [*ban*·kuh] *f* bank
bashkë [*bash*·kuh] together
bathë [*ba*·thuh] *f* fava beans
bëj [buhy] to do
bibliotekë [bee·blee·o·*te*·kuh] *f* library
bie [b*ee*·e] (it) rings, to ring
biftek [beef·*tek*] *m* beef steak
biletë [bee·*le*·tuh] *f* ticket
birrë [*bee*·rruh] *f* beer
biskotë [bis·*ko*·tuh] *f* biscuit; cookie
bizele [bee·*ze*·le] *f* green peas
bizhuteri [bee·zhoo·te·*ree*] *f* jewelry
blej [bley] to buy
bregdetar [breg·de·*tar*] coastal
brenda [*bren*·da] inside
bronz [bronz] *m* bronze
bukë [*boo*·kuh] *f* meal; bread
bukur, i [ee *boo*·koor] beautiful
burrash [*boo*·rrash] for men
buzë [*boo*·zuh] *f* lips
byrek [bü·*rek*] *m* pie
byzylyk [bü·zü·*lük*] *m* bracelet

Ç

ç' [ch'] what (*short form of* **çfarë**)
çadër [*cha*·duhr] *f* umbrella
çaj [chay] *m* tea
çantë [*chan*·tuh] *f* bag, purse
çdo [chdo] every
çelës [*che*·luhs] *m* key
çfarë [*chfa*·ruh] what
çizme [*cheez*·me] *f* boots
çmim [chmeem] *m* price
çoj [choy] to take (someone/something somewhere)
çokollatë [cho·ko·*lla*·tuh] *f* chocolate
çorap [cho·*rap*] *m* sock

D

dal [dal] to come out of, to exit
dardhë [*dar*·thuh] *f* pear
darkë [*dar*·kuh] *f* dinner
dashur, i [ee *da*·shoor] dear

dashuri [da·shoo·*ree*] *n, f* love
dërgoj [duhr·*goy*] to send
dëshirë [duh·*shee*·ruh] *n, f* wish, desire
dëshiroj [duh·shee·*roy*] to wish, to desire
diçka [deech·*ka*] something
diel, e [e *dee*·el] Sunday
diku [dee·*koo*] somewhere
dimër [*dee*·muhr] *m* winter
ditë [*dee*·tuh] *f* day
ditor [dee·*tor*] daily
djathë [*dya*·thuh] *m* cheese
djathtas [*dyath*·tas] right (*opposite of left*)
dje [dye] yesterday
doktor [dok·*tor*] *m* doctor
domate [do·*ma*·te] *f* tomato
dorashkë [do·*rash*·kuh] *f* glove, mitten
dorë [*do*·ruh] *f* hand
dorezë [do·*re*·zuh] *f* glove, mitten
drejt [dreyt] straight
drekë [*dre*·kuh] *f* lunch
dru [droo] *m* wood
dua [*doo*·a] to want
duar [*doo*·ar] *f, pl* hands
duhet [*doo*·het] should, must
dukem [*doo*·kem] to appear, to look (like)
dyqan [dü·*chyan*] *m* store

DH

dhe [<u>th</u>e] too, also; and
dhemb [<u>th</u>emb] to hurt
dhimbje [*<u>th</u>eem*·bye] *f* pain
dhjetor [<u>th</u>ye·*tor*] December

E

e [e] and
eci [*e*·tsee] to walk, to go
edhe [e·*<u>the</u>*] also
enë [*e*·nuh] *f* dish

Ë

ëmbëlsirë [uhm·buhl·*see*·ruh] *f* dessert; pie
ënjtur, i [ee *uhñ*·toor] swollen

F

fal [fal] to excuse
faleminderit [fa·le·meen·*de*·reet] thank you
falënderoj [fa·luhn·de·*roy*] to thank (someone)
familje [fa·*meel*·ye] *f* family
fare [*fa*·re] at all
faturë [fa·*too*·ruh] *f* bill, check
fërgesë [fuhr·*ge*·suh] *f* beef stew with cottage cheese and onions
fik [feek] *m* fig
filloj [fee·*lloy*] to start
flas [flas] to speak
fle [fle] to sleep
flori [flo·*ree*] *m* gold
fotografi [fo·to·gra·*fee*] *f* photo
frigorifer [free·go·ree·*fer*] *m* refrigerator
frutë [*froo*·tuh] *f* fruit
frymë [*frü*·muh] *f* breath
fshij [fsheey] to sweep
ftohem [*fto*·hem] to have a cold
ftua [*ftoo*·a] *m* quince
fund [foond] *m* skirt
furrë [*foo*·rruh] *f* oven
fus [foos] to put in
fustan [foos·*tan*] *m* dress
fyt [füt] throat
fytyrë [fü·*tü*·ruh] *f* face

G

gati [*ga*·tee] ready
gatuaj [ga·*too*·ay] to cook
gëzohem [guh·*zo*·hem] to be glad
gëzuar, i [ee guh·*zoo*·ar] happy
gojë [*go*·yuh] *f* mouth
gotë [*go*·tuh] *f* glass (of water)
grash [grash] for women

grij [greey] to chop
grykë [*grü*·kuh] *f* throat
gur [goor] *m* stone
gusht [goosht] August

GJ

gjalpë [*dyal*·puh] *m* butter
gjatë, i [ee *dya*·tuh] long
gjë [dyuh] *f* thing
gjej [dyey] to find
gjellë [*dye*·lluh] *f* stew, meal, dish
gjerë, i [ee *dye*·ruh] loose
gjithashtu [dyee·thash·*too*] as well, too
gjithçka [dyeeth·*chka*] everything
gjithë, të [tuh *dyee*·thuh] all
gjithsej [dyeeth·*sey*] total
gju [dyoo] *m* knee

H

ha [ha] to eat
hap [hap] to open
harroj [ha·*rroy*] to forget
hedh [heth] to pour; to throw
hidhëruar, i [ee hee·thuh·*roo*·ar] sad
historik [hees·to·*reek*] historic
holla, të [tuh *ho*·lla] *nt, pl* money
hotel [ho·*tel*] *m* hotel
hudhër [*hoo*·thuhr] *f* garlic
hundë [*hoon*·duh] *f* nose
hyj [hüy] to go in, to enter

I

identitet [ee·den·tee·*tet*] *m* identity
ilaç [ee·*lach*] *m* medication
im [eem] my
inxhinier [een·jee·nee·*er*] *m* engineer

J

ja [ya] here (*as in* "Here it is.")
jam [yam] to be
janar [ya·*nar*] January
jap [yap] to give
jelek [ye·*lek*] *m* vest
jetë [*ye*·tuh] *f* life
jo [yo] no
ju [yoo] *form* you
juaj [*yoo*·ay] *form* your

K

kabinë [ka·*bee*·nuh] *f* fitting room
kafe [*ka*·fe] *f* coffee
kajsi [kay·*see*] *f* apricot
kam [kam] to have
kamerier [ka·me·ree·*er*] *m* waiter
kanotierë [ka·no·*tye*·ruh] *f* undershirt
kapelë [ka·*pe*·luh] *f* hat
karamele [ka·ra·*me*·le] *f* candy
karotë [ka·*ro*·tuh] *f* carrot
kartë [*kar*·tuh] *f* card
kartolinë [kar·to·*lee*·nuh] *f* postcard
kastravec [kas·tra·*vets*] *m* cucumber
kek [kek] *m* cake
këllqe [*kuhll*·chye] *m* hips
këmbë [*kuhm*·buh] *f* leg; foot
këmishë [kuh·*mee*·shuh] *f* shirt
kënaqësi [kuh·na·chyuh·*see*] *f* pleasure
këpucë [kuh·*poo*·tsuh] *f* shoe
kërkoj [kuhr·*koy*] to look for
kërpudhë [kuhr·*poo*·thuh] *f* mushroom
kështjellë [kuhsh·*tye*·lluh] *f* castle
kështu [kuhsh·*too*] like this
këto [kuh·*to*] *f* these
këtu [kuh·*too*] here
kile [*kee*·le] kilo
kjo [kyo] *f* this
kohë [*ko*·huh] *f* time
kokë [*ko*·kuh] *f* head
koktej [kok·*tey*] *m* cocktail
kollare [ko·*lla*·re] *f* tie
komposto [kom·*pos*·to] *f* (fruit) compote
korrik [ko·*rreek*] July
kos [kos] *m* yogurt
kostum [kos·*toom*] *m* suit
krah [krah] *m* arm
kraharor [kra·ha·*ror*] *m* chest

kravatë [kra·*va*·tuh] *f* tie
kthehem [*kthe*·hem] to return; to turn (around)
ku [koo] where
kujtoj [kooy·*toy*] to remember
kumbull [*koom*·booll] *f* plum
kungull [*koon*·gooll] *m* zucchini, squash
kur [koor] when
kurrë [*koo*·rruh] never
kurse [koor·*se*] whereas
kushtoj [koosh·*toy*] to cost
kusur [koo·*soor*] *m* change (*as in* "Here is your change.")
kuzhinë [koo·*zhee*·nuh] *f* kitchen
ky [kü] *m* this

L

lahem [*la*·hem] to wash oneself
laj [lay] to wash; to brush (teeth)
lakër [*la*·kuhr] *f* cabbage
lartë, i [ee *lar*·tuh] high
lek [lek] *m* lek (Albanian currency)
lëkurë [luh·*koo*·ruh] *f* leather
lëng [luhng] *m* liquid
lepur [*le*·poor] *m* rabbit
lesh [lesh] *m* wool
letër [*le*·tuhr] *f* letter; paper
lexoj [le·*dzoy*] to read
libër [*lee*·buhr] *m* book
limon [lee·*mon*] *m* lemon
linjë [*lee*·ñuh] *f* airline
lirë, i [ee *lee*·ruh] inexpensive, cheap
lodhur, i [ee *lo*·thoor] tired
lugë [*loo*·guh] *f* spoon
lulelakër [loo·le·*la*·kuhr] *f* cauliflower
lulelakër jeshile [loo·le·*la*·kuhr ye·*shee*·le] *f* broccoli
luleshtrydhe [loo·le·*shtrü*·the] *f* strawberry

LL

llogari [llo·ga·*ree*] *f* account

M

madhësi [ma·thuh·*see*] *f* size
maj [may] May
majtas [*may*·tas] left (*the opposite of* right)
makinë [ma·*kee*·nuh] *f* car
mall [mall] *n, m* missing someone
man/a [man / *ma*·na] *m* berry / berries
marr [marr] to take
mars [mars] March
masë [*ma*·suh] *f* size
mashurka [ma·*shoor*·ka] *f* green beans
mbarë, i [ee *mba*·ruh] good; safe (trip)
mbathje [*mbath*·ye] *f* underwear
mbi [mbee] on
mbush [mboosh] to stuff
me [me] with
më [muh] me
mëndafsh [muhn·*dafsh*] *m* silk
mendoj [men·*doy*] to think
mëngjes [muhn·*dyes*] *m* morning; breakfast
menjëherë [me·ñuh·*he*·ruh] immediately
meny [me·*nü*] *f* menu
mermer [mer·*mer*] *m* marble
mësoj [muh·*soy*] to learn
metal [me·*tal*] *m* metal
metra [*me*·tra] *m, pl* meters
meze [*me*·ze] *f* appetizer
minutë [mee·*noo*·tuh] *f* minute
mirë [*mee*·ruh] *adv* well, good
mirë, i [ee *mee*·ruh] good
mirëdita [mee·ruh·*dee*·ta] good day
mirupafshim [mee·roo·*paf*·sheem] goodbye
mish [meesh] *m* meat
mjaltë [*myal*·tuh] *m* honey
mollë [*mo*·lluh] *f* apple
mos [mos] don't
motër [*mo*·tuhr] *f* sister
mund [moond] can
muze [moo·*ze*] *m* museum

N

ndaloj [nda·*loy*] to stop
ndez [ndez] to turn on
ndihmë [*ndeeh*·muh] *n, f* help
ndihmoj [ndeeh·*moy*] to help
ndodhem [*ndo*·them] to be located, to be (somewhere physically)
ndonjë [*ndo*·ñuh] any
në [nuh] at; in; to
në qoftë se [nuh *qof*·tuh se] if
nënë [*nuh*·nuh] *f* mother
nëntor [nuhn·*tor*] November
nëpër [nuh·*puhr*] around, through
nevojë [ne·*vo*·yuh] *n, f* need
nga [nga] from, from where
ngushtë, i [ee *ngoosh*·tuh] tight
nisem [*nee*·sem] to start going; to leave
nja [ña] about, around
nuk [nook] not
numër [*noo*·muhr] *m* number; number/size of (shoe, shirt, skirt, pants)
nxitoj [ndzee·*toy*] to hurry

NJ

një [ñuh] a, an
njëjtë, i [ee *ñuhy*·tuh] the same
njëqindëshe [nyuh·*chyeen*·duh·she] a 100 lek bill

O

orë [*o*·ruh] *f* clock; time

P

pa [pa] no, without any
paçe [*pa*·che] *f* tripe
pak [pak] a little
palë [*pa*·luh] *f* pair (of shoes)
pallto [*pall*·to] *f* coat
pambuk [pam·*book*] *m* cotton
panoramë [pa·no·*ra*·muh] *f* landscape painting
pantallona [pan·ta·*llo*·na] *f* pants
pantofla [pan·*to*·fla] *f* slippers
papritur [pa·*pree*·toor] suddenly
para [pa·*ra*] *f, pl* money
paradite [pa·ra·*dee*·te] in the morning
parkoj [par·*koy*] to park
pas [pas] after
pasdite [pas·*dee*·te] (in the) afternoon
pasi [pa·*see*] after
pasta [*pas*·ta] *f* pastry
pastaj [pas·*tay*] then
patate [pa·*ta*·te] *f* potato
patë [*pa*·tuh] *f* goose
patëllxhan [pa·tuhll·*jan*] *m* eggplant
patjetër [pa·*tye*·tuhr] of course
pazar [pa·*zar*] *n, m* market; shopping
pecetë [pe·*tse*·tuh] *f* napkin
për [puhr] for
për në [puhr nuh] to, toward
për sa [puhr sa] for how many; for how long
përgjigjem [puhr·*dyee*·dyem] to answer
perime [pe·*ree*·me] *f, pl* vegetables
përsëri [puhr·suh·*ree*] again
përziej [puhr·*zee*·ey] to mix, to stir
pesëqindëshe [pe·suh·*chyeen*·duh·she] 500 lek bill
peshk [peshk] *m* fish
pi [pee] *v* to drink
pije [*pee*·ye] *n, f* drink
pikturë [peek·*too*·ruh] *f* painting
pilaf [pee·*laf*] *m* rice pilaf
pirun [pee·*roon*] *m* fork
pizhame [pee·*zha*·me] *f* pajamas
pjatë [*pya*·tuh] *f* plate
pjek [pyek] to bake, to broil
pjeshkë [*pyesh*·kuh] *f* peach
plastik [plas·*teek*] *adj* plastic
po [po] how about; yes
por [por] but
porosit [po·ro·*seet*] to order
portokall [por·to·*kall*] *n, m* orange
posi [po·*see*] yes
prandaj [pran·*day*] that's why
pranë [*pra*·nuh] close to, next to
pranverë [pran·*ve*·ruh] *f* spring

pras [pras] *m* leek
pres [pres] to cut
prill [preell] April
problem [pro·*blem*] *m* problem
provoj [pro·*voy*] to try (on)
pse [pse] why
pulë [*poo*·luh] *f* chicken
pulovër [poo·*lo*·vuhr] *f* sweater
punë [*poo*·nuh] *n, m* work
punoj [poo·*noy*] to work
pushim [poo·*sheem*] *n, m* rest; break
pushime [poo·*shee*·me] *m, pl* vacation
pyes [*pü*·es] to ask

Q

qafë [*chya*·fuh] *f* neck
që [chyuh] since; that
qepë [*chye*·puh] *f* onion
qëroj [chyuh·*roy*] to peel
qershi [chyer·*shee*] *f* cherry
qershor [chyer·*shor*] June
qilim [chyee·*leem*] *m* rug
qira [qee·*ra*] *n, f* rent
quhem [*chyoo*·hem] to be called/named
qumësht [*chyoo*·muhsht] *m* milk
qyp [chyüp] *m* pot, pottery
qytet [qü·*tet*] *m* town

R

raki [ra·*kee*] *f traditional Albanian alcoholic drink similar to tequila*
reçel [re·*chel*] *m* jam
recetë [re·*tse*·tuh] *f* prescription
rekomandoj [re·ko·man·*doy*] to recommend
restorant [res·to·*rant*] *m* restaurant
rosë [*ro*·suh] *f* duck

RR

rregulloj [rre·goo·*lloy*] to fix
rreth [rreth] about, around
rrip [rreep] *m* belt
rrush [rroosh] *m* grape

S

sa [sa] how much
salsiçe [sal·*see*·che] *f* sausage
sallam [sa·*llam*] *m* salami
sallatë [sa·*lla*·tuh] *f* salad
sandale [san·*da*·le] *f* sandals
sanduiç [san·doo·*eech*] *m* sandwich
sardele [sar·*de*·le] *f* sardines
semafor [se·ma·*for*] *m* traffic light
sepse [se·*pse*] because
si [see] how; what; like
simite [see·*mee*·te] *f* roll
sjell [syell] to bring
skuq [skoochy] to fry, to sauté
sobë [*so*·buh] *f* stove
sot [sot] today
spec [spets] *m* bell pepper
spinaq [spee·*nachy*] *m* spinach
sportelist [spor·te·*leest*] *m* receptionist
stacion [sta·tsee·*on*] *m* (bus) stop, station
student [stoo·*dent*] *m* student
studioj [stoo·dee·*oy*] to study
supermarket [soo·per·mar·*ket*] *m* supermarket
suvenir [soo·ve·*neer*] *m* souvenir
sy [sü] *m* eye
syze [*sü*·ze] *f* (eye)glasses

SH

shall [shall] *m* scarf
shes [shes] to sell
shijshëm, i [ee *sheey*·shuhm] delicious
shikoj [shee·*koy*] to look at, to watch
shitëse [*shee*·tuh·se] *f* seller
shkoj [shkoy] to go
shkollë [*shko*·lluh] *f* school
shkruaj [*shkroo*·ay] to write
shkurt [shkoort] February
shofer [sho·*fer*] *m* driver
shok [shok] *m* (male) friend
shoqe [*sho*·chye] *f* (female) friend
shpatull [*shpa*·tooll] *f* shoulder

shpejt [shpeyt] soon
shpesh [shpesh] often
shpresoj [shpre·*soy*] to hope
shqetësoj [shchye·tuh·*soy*] to bother, to disturb
shqetësues [shchye·tuh·*soo*·es] disturbing
shqip [shchyeep] Albanian (language)
Shqipëri [shchyee·puh·*ree*] *f* Albania
shqiptar [shchyeep·*tar*] *n, m* Albanian
shtator [shta·*tor*] September
shtëpi [shtuh·*pee*] *f* house
shtrenjtë, i [ee *shtreñ*·tuh] expensive
shtyp [shtüp] to mash
shumë [*shoo*·muh] very much, very

T

takohem [ta·*ko*·hem] to meet
taksi [ta·*ksee*] *f* taxi
tani [ta·*nee*] now
tarifë [ta·*ree*·fuh] *n, f* rate
tavë [*ta*·vuh] *f* casserole pan
te [te] to (*as in* "I went to the store.")
të [tuh] to (*as in* "to do something")
telefon [te·le·*fon*] *m* telephone
televizor [te·le·vee·*zor*] *m* TV
temperaturë [tem·pe·ra·*too*·ruh] *f* temperature, fever
tërheq [tuhr·*hechy*] to withdraw
tetor [te·*tor*] October
ti [tee] *inform* you
tigan [tee·*gan*] *m* frying pan
tjetër [*tye*·tuhr] else
tortë [*tor*·tuh] *f* cake
trastë [*tras*·tuh] *f* bag
treg [treg] *m* market
tregoj [tre·*goy*] to tell
troftë [*trof*·tuh] *f* trout
trung [troong] *m* torso

TH

thellë [*the*·lluh] *adv* deep
them [them] to say
thembër [*them*·buhr] *f* heel
thikë [*thee*·kuh] *f* knife

U

udhë [*oo*·thuh] *n, f* trip, road
udhëtim [oo·thuh·*teem*] *n, m* trip
udhëtoj [oo·thuh·*toy*] to travel
ujë [*oo*·yuh] *m* water
unazë [oo·*na*·zuh] *f* ring
unë [*oo*·nuh] I
urdhëroni [oor·thuh·*ro*·nee] here you are
ushqim [oosh·*chyeem*] *m* food

V

vaj [vay] *m* oil
varëse [*va*·ruh·se] *f* necklace
vath [vath] *m* earring
vazhdoj [vazh·*doy*] to continue
vazo [*va*·zo] *f* vase
vë [vuh] to put
vëlla [vuh·*lla*] *m* brother
vëllezër [vuh·*lle*·zuhr] *m* brothers
verë [*ve*·ruh] *f* summer; wine
vërtet [vuhr·*tet*] really
vesh [vesh] *m* ear
vështirë, i [ee vuhsh·*tee*·ruh] difficult
vetë [*ve*·tuh] by oneself
vetëm [*ve*·tuhm] only
vezë [*ve*·zuh] *f* eggs
vij [veey] to come
vishem [*vee*·shem] to get dressed
vitaminë [vee·ta·*mee*·nuh] *f* vitamin
vizitë [vee·*zee*·tuh] *n, f* visit
vizitoj [vee·zee·*toy*] to visit
vjeshtë [*vyesh*·tuh] *f* fall, autumn
vogël, i [ee *vo*·guhl] small

X

xhaketë [ja·*ke*·tuh] *f* jacket

Z

zbres [zbres] to get off (of something)
zgjat [zdyat] to last
zgjohem [*zdyo*·hem] to wake up
ziej [*zee*·ey] to boil
zonjushë [zo·*ñoo*·shuh] *f* Miss
zotëri [zo·tuh·*ree*] *m* sir, Mr.

ENGLISH-ALBANIAN

A

a një [ñuh]
about rreth [rreth], për [puhr]
account llogari [llo·ga·*ree*] *n, f*
after pas [pas], pasi [pa·*see*]
afternoon pasdite [pas·*dee*·te] *f*
again përsëri [puhr·suh·*ree*]
agent agjent [a·*dyent*] *m*
airline linjë ajrore [*lee*·ñuh ay·*ro*·re] *f*
airplane avion [a·vee·*on*] *m*, aeroplan [a·e·ro·*plan*] *m*
airport aeroport [a·e·ro·*port*] *m*
Albania Shqipëri [shchyee·puh·*ree*] *f*
Albanian (language) shqip [shchyeep]
Albanian shqiptar [shchyeep·*tar*] *m*
all të gjithë [tuh *dyee*·thuh]
also edhe [e·*the*]
American amerikan [a·me·ree·*kan*] *m*
an një [ñuh]
and e [e], dhe [the]
ankle kyç (i këmbës) [küch (ee *kuhm*·buhs)] *m*
answer *v* përgjigjem [puhr·*dyee*·dyem]
any ndonjë [*ndo*·ñuh]
apartment apartament [a·par·ta·*ment*] *m*
appetizer aperitiv [a·pe·ree·*teev*] *m*, meze [*me*·ze] *f*
apple mollë [*mo*·lluh] *f*
apricot kajsi [kay·*see*] *f*
April prill [preell]
arm krah [krah] *m*
around nëpër [nuh·*puhr*]
arrive arrij [a·*rreey*]
art art [art] *m*
artichoke angjinare [an·dyee·*na*·re] *f*
ask pyes [*pü*·es]
at në [nuh]
August gusht [goosht]
autumn vjeshtë [*vyesh*·tuh] *f*

B

bacon pastërma derri [pas·tuhr·*ma de*·rree] *f*
bag trastë [*tras*·tuh] *f*
bake pjek [pyek]
banana banane [ba·*na*·ne] *f*
bank bankë [*ban*·kuh] *f*
be jam [yam]
beautiful i bukur [ee *boo*·koor]
because sepse [se·*pse*]
beef mish viçi [meesh *vee*·chee] *m*
beef steak biftek [beef·*tek*] *m*
beer birrë [*bee*·rruh] *f*
bell pepper spec [spets] *m*
belt rrip [rreep] *m*
bill *n* faturë [fa·*too*·ruh] *f*
biscuit biskotë [bis·*ko*·tuh] *f*
boil *v* ziej [*zee*·ey]
book *n* libër [*lee*·buhr] *m*
boot çizme [*cheez*·me] *f*
bother *v* shqetësoj [shchye·tuh·*soy*]
bracelet byzylyk [bü·zü·*lük*] *m*
bread bukë [*boo*·kuh] *f*
breakfast mëngjes [muhn·*dyes*] *m*
breath frymë [*frü*·muh] *f*
bring sjell [syell]
broccoli lulelakër jeshile [loo·le·*la*·kuhr ye·*shee*·le] *f*
broil pjek [pyek]
bronze bronz [bronz] *m*
brother vëlla [vuh·*lla*] *m*
bus autobus [a·oo·to·*boos*] *m*

but por [por]
butter gjalpë [*dyal*·puh] *m*
buy blej [bley]

C

cabbage lakër [*la*·kuhr] *f*
cake kek [kek] *m*, tortë [*tor*·tuh] *f*
can *v* mund [moond]
candy karamele [ka·ra·*me*·le] *f*
car makinë [ma·*kee*·nuh] *f*
card kartë [*kar*·tuh] *f*
carrot karotë [ka·*ro*·tuh] *f*
castle kështjellë [kuhsh·*tye*·lluh] *f*
cauliflower lulelakër [loo·le·*la*·kuhr] *f*
change *(money)* *n* kusur [koo·*soor*] *m*
cheap i lirë [*lee*·ruh]
cheese djathë [*dya*·thuh] *m*
cherry qershi [chyer·*shee*] *f*
chest kraharor [kra·ha·*ror*] *m*
chicken pulë [*poo*·luh] *f*
chocolate çokollatë [cho·ko·*lla*·tuh] *f*
chop *v* grij [greey]
clock orë [*o*·ruh] *f*
close *adv* afër [*a*·fuhr]
coastal bregdetar [breg·de·*tar*]
coat pallto [*pall*·to] *f*
cocktail koktej [kok·*tey*] *m*
coffee kafe [*ka*·fe] *f*
come vij [veey]
continue vazhdoj [vazh·*doy*]
cook *v* gatuaj [ga·*too*·ay]
cookie biskotë [bis·*ko*·tuh] *f*
cost *v* kushtoj [koosh·*toy*]
cotton pambuk [pam·*book*] *m*
cream ajkë [*ay*·kuh] *f*
cucumber kastravec [kas·tra·*vets*] *m*
cut *v* pres [pres]

D

daily ditor [dee·*tor*]
day ditë [*dee*·tuh] *f*
dear i dashur [ee *da*·shoor]
December dhjetor [thye·*tor*]
deep *adv* thellë [*the*·lluh]
delicious i shijshëm [ee *sheey*·shuhm]
desire *n* dëshirë [duh·*shee*·ruh] *f*; *v* dëshiroj [duh·shee·*roy*]
dessert ëmbëlsirë [uhm·buhl·*see*·ruh] *f*
difficult i vështirë [ee vuhsh·*tee*·ruh]
dinner darkë [*dar*·kuh] *f*
dish *n* enë [*e*·nuh] *f*
disturbing *adj* shqetësues [shchye·tuh·*soo*·es]
do *v* bëj [buhy]
doctor *n* doktor [dok·*tor*] *m*
dress *n* fustan [foos·*tan*] *m*
drink *n* pije [*pee*·ye] *f*; *v* pi [pee]
driver shofer [sho·*fer*] *m*
duck *n* rosë [*ro*·suh] *f*

E

ear vesh [vesh] *m*
earring vath [vath] *m*
eat ha [ha]
egg vezë [*ve*·zuh] *f*
eggplant patëllxhan [pa·tuhll·*jan*] *m*
else tjetër [*tye*·tuhr]
engineer inxhinier [een·jee·nee·*er*] *m*
English anglisht [an·*gleesht*]
enter hyj [hüy]
every çdo [chdo]
everything gjithçka [dyeeth·*chka*]
exit *v* dal [dal]; *n* dalje [*da*·lye] *f*
expensive i shtrenjtë [*shtreñ*·tuh]
eye *n* sy [sü] *m*
eyeglasses syze [*sü*·ze] *f*

F

face *n* fytyrë [fü·*tü*·ruh] *f*
fall *n* vjeshtë [*vyesh*·tuh] (*the season of the year*)
family familje [fa·*meel*·ye] *f*
father baba [*ba*·ba] *m*
February shkurt [shkoort]
feta (cheese) djathë i bardhë [*dya*·thuh ee *bar*·thuh] *m*

fig fik [feek] *m*
find *v* gjej [dyey]
finger gisht (i dorës) [geesht] *m*
fish *n* peshk [peshk] *m*; *v* peshkoj [pesh·*koy*]
fix *v* rregulloj [rre·goo·*lloy*]
food ushqim [oosh·*chyeem*] *m*
foot këmbë [*kuhm*·buh] *f*
for për [puhr]
forget harroj [ha·*rroy*]
fork pirun [pee·*roon*] *m*
friend shok [shok] *m,* shoqe [*sho*·chye] *f*
from nga [nga]
fruit frutë [*froo*·tuh] *f*
fry skuq [skoochy]
frying pan tigan [tee·*gan*] *m*

G

garlic hudhër [*hoo*·thuhr] *f*
get off zbres [zbres]
give jap [yap]
glass (of water) gotë [*go*·tuh] *f*
glasses (eye~) syze [*sü*·ze] *f*
glove dorezë [do·*re*·zuh] *f*, dorashkë [do·*rash*·kuh] *f*
go shkoj [shkoy]
gold flori [flo·*ree*] *m*
good i mirë [ee *mee*·ruh]
goodbye mirupafshim [mee·roo·*paf*·sheem]
goose patë [*pa*·tuh] *f*
grape rrush [rroosh] *m*
grill *v* pjek në skarë [pyek nuh *ska*· ruh]

H

hand *n* dorë [*do*·ruh] *f*
happy i gëzuar [ee guh·*zoo*·ar]
hat kapelë [ka·*pe*·luh] *f*
have kam [kam]
he ai [a·*ee*]
head *n* kokë [*ko*·kuh] *f*
heel thembër [*them*·buhr] *f*
help *n* ndihmë [*ndeeh*·muh] *f*; *v* ndihmoj [ndeeh·*moy*]
here këtu [kuh·*too*]
high i lartë [ee *lar*·tuh]
hips këllqe [*kuhll*·chye] *m*
historic historik [hees·to·*reek*]
honey mjaltë [*myal*·tuh] *m*
hope *v* shpresoj [shpre·*soy*]; *n* shpresë [*shpre*·suh] *f*
hotel hotel [ho·*tel*] *m*
house *n* shtëpi [shtuh·*pee*] *f*
how si [see]
hurry *v* nxitoj [ndzee·*toy*]
hurt *v* dhemb [themb]

I

I unë [*oo*·nuh]
identity identitet [ee·den·tee·*tet*] *m*
if në qoftë se [nuh *qof*·tuh se]
immediately menjëherë [me·ñuh·*he*·ruh]
in në [nuh]
inexpensive i lirë [ee *lee*·ruh]
inside brenda [*bren*·da]

J

jacket xhaketë [ja·*ke*·tuh] *f*
jam *n* reçel [re·*chel*]
January janar [ya·*nar*] *m*
jewelry bizhuteri [bee·zhoo·te·*ree*] *f*
July korrik [ko·*rreek*]
June qershor [chyer·*shor*]

K

key çelës [*che*·luhs] *m*
kilo kile [*kee*·le]
kitchen kuzhinë [koo·*zhee*·nuh] *f*
knee gju [dyoo] *m*
knife thikë [*thee*·kuh] *f*

L

lamb mish qengji [meesh *chyen*·dyee] *m*
last *v* zgjat [zdyat]; *adj* i fundit [ee *foon*·deet]
learn mësoj [muh·*soy*]

leather lëkurë [lu·*koo*·ruh] *f*
leek pras [pras] *m*
left *adv* majtas [*may*·tas]; *adj* i majtë [ee *may*·tuh]
leg këmbë [*kuhm*·buh] *f*
lemon limon [lee·*mon*] *m*
letter letër [*le*·tuhr] *f*
lettuce sallatë [sa·*lla*·tuh] *f*
library bibliotekë [bee·blee·o·*te* kuh] *f*
life jetë [*ye*·tuh] *f*
lip buzë [*boo*·zuh] *f*
long *adj* i gjatë [ee *dya*·tuh]
look for kërkoj [kuhr·*koy*]
loose i gjerë [ee *dye*·ruh]
love *n* dashuri [da·shoo·*ree*] *f*; *v* dashuroj [da·shoo·*roy*]; dua [*doo*·a]
lunch drekë [*dre*·kuh] *f*

M

marble mermer [mer·*mer*] *m*
March mars [mars]
market *n* treg [treg] *m*
mash shtyp [shtüp]
May maj [may]
meal gjellë [*dye*·lluh] *f*
meat mish [meesh] *m*
medication ilaç [ee·*lach*] *m*
meet takohem [ta·*ko*·hem]
menu meny [me·*nü*] *f*
metal metal [me·*tal*] *m*
meter metër [*me*·tuhr] *m*
milk *n* qumësht [*chyoo*·muhsht] *m*
minute minutë [mee·*noo*·tuh] *f*
Miss zonjushë [zo·*ñoo*·shuh] *f*
mitten dorezë [do·*re*·zuh], dorashkë [do·*rash*·kuh] *f*
mix *v* përziej [puhr·*zee*·ey]
money para [pa·*ra*] *f*, të holla [tuh *ho*·lla] *nt*
mother nënë [*nuh*·nuh] *f*
mouth gojë [*go*·yuh] *f*
much shumë [*shoo*·muh]
museum muze [moo·*ze*] *m*
mushroom kërpudhë [kur·*poo*·thuh] *f*
must *v* duhet [*doo*·het]
my im [eem]

N

napkin pecetë [pe·*tse*·tuh] *f*
neck qafë [*chya*·fuh] *f*
necklace varëse [*va*·ruh·se] *f*
need *n* nevojë [ne·*vo*·yuh] *f*
never kurrë [*koo*·rruh]
no jo [yo]
nose hundë [*hoon*·duh] *f*
not nuk [nook]
November nëntor [nuhn·*tor*]
now tani [ta·*nee*]
number *n* numër [*noo*·muhr] *m*

O

October tetor [te·*tor*]
often shpesh [shpesh]
okra bamje [*ba*·mye] *f*
olive ulli [oo·*llee*] *m*
olive oil vaj ulliri [vay oo·*llee*·ree] *m*
on mbi [mbee]
onion qepë [*chye*·puh] *f*
only vetëm [*ve*·tuhm]
open hap [hap]
or apo [a·*po*], ose [*o*·se]
orange *n* portokall [por·to·*kall*] *m*; *adj* portokall [por·to·*kall*]
order *v* porosit [po·ro·*seet*]
oven furrë [*foo*·rruh] *f*

P

pain dhimbje [*theem*·bye] *f*
painting pikturë [peek·*too*·ruh] *f*
pair (*as in* "pair of shoes") palë [*pa*·luh] *f*
pajamas pizhame [pee·*zha*·me] *f*
pan *n* tavë [*ta*·vuh] *f*
pants pantallona [pan·ta·*llo*·na] *f*
paper letër [*le*·tuhr] *f*
park *v* parkoj [par·*koy*]; *n* park [park] *m*

parking *n* parkim [par·*keem*] *m*
pastry pasta [*pas*·ta] *f*
pea bizele [bee·*ze*·le] *f*
peach *n* pjeshkë [*pyesh*·kuh] *f*
pear dardhë [*dar*·thuh] *f*
peel *v* qëroj [quh·*roy*]
pepper (*as in* "bell pepper") spec [spets] *m*
photo fotografi [fo·to·gra·*fee*] *f*
pie byrek [bü·*rek*] *m*
plastic *adj* plastik [plas·*teek*]; *n* plastikë [plas·*tee*·kuh] *f*
plate pjatë [*pya*·tuh] *f*
pleasure kënaqësi [kuh·na·chyuh·*see*] *f*
plum kumbull [*koom*·booll] *f*
pork mish derri [meesh *de*·rree] *m*
postcard kartolinë [kar·to·*lee*·nuh] *f*
pot qyp [chyüp] *m*
potato patate [pa·*ta*·te] *f*
poultry mish pule [meesh *poo*·le] *m*
pour hedh [heth]
prescription recetë [re·*tse*·tuh] *f*
price çmim [chmeem] *m*
problem problem [pro·*blem*] *m*
put vë [vuh]

Q

queen mbretëreshë [mbre·tuh·*re*·shuh] *f*
question pyetje [*pü*·e·tye] *f*
quick shpejt [shpeyt]
quiet i qetë [ee *chye*·tuh]
quilt jorgan [yor·*gan*] *m*
quince ftua [*ftoo*·a] *m*
quit lë [luh], lëshoj [luh·*shoy*]

R

rabbit lepur [*le*·poor] *m*
rate *n* tarifë [ta·*ree*·fuh] *f*
read *v* lexoj [le·*dzoy*]
ready gati [*ga*·tee]
really vërtet [vuhr·*tet*]
receptionist sportelist [spor·te·*leest*] *m*
recommend rekomandoj [re·ko·man·*doy*]
refrigerator frigorifer [free·go·ree·*fer*] *m*
remember kujtoj [kooy·*toy*]
rent *n* qira [chyee·*ra*] *f*; *v* marr me qira [marr me chyee·*ra*]
rest *n* pushim [poo·*sheem*] *m*; *v* pushoj [poo·*shoy*]
restaurant restorant [res·to·*rant*] *m*
return *v* kthehem [*kthe*·hem]
rice oriz [o·*reez*] *m*
rice pilaf pilaf [pee·*laf*] *m*
right (*the opposite of 'left'*) *adv* djathtas [*dyath*·tas]; *adj* i djathtë [ee *dyath*·tuh]
ring *n* unazë [oo·*na*·zuh] *f*; *v* bie [*bee*·e]
road udhë [*oo*·thuh] *f*
roll (*as in* "breakfast roll") *n* simite [see·*mee*·te] *f*
rug qilim [chyee·*leem*] *m*

S

sad i hidhëruar [ee hee·thuh·*roo*·ar]
salad sallatë [sa·*lla*·tuh] *f*
salami sallam [sa·*llam*] *m*
sandals sandale [san·*da*·le] *f*
sandwich sanduiç [san·doo·*eech*] *m*
sardines sardele [sar·*de*·le] *f*
sausage salsiçe [sal·*see*·che] *f*
sauté skuq [skoochy]
say them [them]
scarf shall [shall] *m*
school shkollë [*shko*·lluh] *f*
sell shes [shes]
seller shitës [*shee*·tuhs] *m*
send dërgoj [duhr·*goy*]
September shtator [shta·*tor*]
shirt këmishë [kuh·*mee*·shuh] *f*
shoe këpucë [kuh·*poo*·tsuh] *f*
shoulder shpatull [*shpa*·tooll] *f*
silk mëndafsh [muhn·*dafsh*] *m*
silver argjend [ar·*dyend*] *m*
sir zotëri [zo·tuh·*ree*] *m*

sister motër [*mo*·tuhr] *f*
size *n* madhësi [ma·thuh·*see*] *f*, masë [*ma*·suh] *f*
skirt fund [foond] *m*
sleep *v* fle [fle]; *n* gjumë [*dyoo*·muh] *m*
slippers pantofla [pan·*to*·fla] *f*
small i vogël [ee *vo*·guhl]
sock çorap [cho·*rap*] *m*
something diçka [deech·*ka*]
somewhere diku [dee·*koo*]
soon shpejt [shpeyt]
souvenir suvenir [soo·ve·*neer*] *m*
speak flas [flas]
spinach spinaq [spee·*nachy*] *m*
spoon *n* lugë [*loo*·guh] *f*
spring (*season of the year*) *n* pranverë [pran·*ve*·ruh] *f*
squash *n* kungull [*koon*·gooll] *m*
start *v* filloj [fee·*lloy*]
station *n* stacion [sta·tsee·*on*] *m*
stew gjellë [*dye*·lluh] *f*
stir përziej [puhr·*zee*·ey]
stone gur [goor] *m*
stop *v* ndaloj [nda·*loy*]
store *n* dyqan [dü·*chyan*] *m*
stove sobë [*so*·buh] *f*
straight drejt [dreyt]
strawberry luleshtrydhe [loo·le·*shtrü*·the] *f*
student student [stoo·*dent*] *m*
study *v* studioj [stoo·dee·*oy*]
stuff *v* mbush [mboosh]
suddenly papritur [pa·*pree*·toor]
suit *n* kostum [kos·*toom*] *m*
summer verë [*ve*·ruh] *f*
Sunday e diel [e *dee*·el]
supermarket supermarket [soo·per·mar·*ket*] *m*
sweater pulovër [poo·*lo*·vuhr] *f*
sweep fshij [fsheey]
swimsuit rroba banje [*rro*·ba *ba*·ñe] *f*

T

take (*as in* "take someone/something somewhere") çoj [choy]; (*as in* "get/receive") marr [marr]
taxi taksi [ta·*ksee*] *f*
tea çaj [chay] *m*
telephone *n* telefon [te·le·*fon*] *m*; *v* telefonoj [te·le·fo·*noy*]
television televizor [te·le·vee·*zor*] *m*
tell tregoj [tre·*goy*]
teller arkëtar [ar·kuh·*tar*] *m*
temperature temperaturë [tem·pe·ra·*too*·ruh] *f*
thank falënderoj [fa·luhn·de·*roy*]
thank you faleminderit [fa·le·meen·*de*·reet]
that që [chyuh]
then atëherë [a·tuh·*he*·ruh], pastaj [pas·*tay*]
there atje [a·*tye*], aty [a·*tü*]
thing gjë [dyuh] *f*
think mendoj [men·*doy*]
throat fyt [füt] *m*, grykë [*grü*·kuh] *f*
ticket biletë [bee·*le*·tuh] *f*
tie kollare [ko·*lla*·re] *f*, kravatë [kra·*va*·tuh] *f*
tight i ngushtë [ee *ngoosh*·tuh]
time kohë [*ko*·huh] *f*
tired i lodhur [ee *lo*·thoor]
to (*as in* "go to") në [nuh], te [te], (*as in* "to do") të [tuh]
today sot [sot]
toe gisht (i këmbës) [geesht] *m*
together bashkë [*bash*·kuh]
tomato domate [do·*ma*·te] *f*
too gjithashtu [dyee·thash·*too*]
torso trung [troong] *m*
total gjithsej [dyeeth·*sey*]
toward për në [puhr nuh]
town qytet [qü·*tet*] *m*
traffic light semafor [se·ma·*for*] *m*
travel *v* udhëtoj [oo·thuh·*toy*]
trip *n* udhëtim [oo·thuh·*teem*] *m*
tripe paçe [*pa*·che] *f*
trout troftë [*trof*·tuh] *f*

try *v* provoj [pro·*voy*]
turkey gjel deti [dyel *de*·tee] *m*
turn on ndez [ndez]
TV televizor [te·le·vee·*zor*] *m*

U

ugly i shëmtuar [ee shuhm·*too*·ar]
umbrella çadër [*cha*·duhr] *f*
under poshtë [*posh*·tuh]
understand kuptoj [koop·*toy*]
undershirt kanotierë [ka·no·*tye*·ruh] *f*
underwear mbathje [*mbath*·ye] *f*
urgent i ngutshëm [ee *ngoot*·shuhm]
use *v* përdor [puhr·*dor*]

V

vacation *n* pushime [poo·*shee*·me] *m*
vase vazo [*va*·zo] *f*
veal mish viçi [meesh *vee*·chee] *m*
vegetables perime [pe·*ree*·me] *f*
very shumë [*shoo*·muh]
vest jelek [ye·*lek*] *m*
visit *n* vizitë [vee·*zee*·tuh] *f*; *v* vizitoj [vee·zee·*toy*]
visitor vizitor [vee·zee·*tor*] *m*
vitamin vitaminë [vee·ta·*mee*·nuh] *f*

W

waiter kamerier [ka·me·ree·*er*] *m*
wake up zgjohem [*zdyo*·hem]
walk *v* eci [*e*·tsee]
want *v* dua [*doo*·a]
wash *v* laj [lay]
watch *v* shikoj [shee·*koy*]; *n* orë dore [*o*·ruh *do*·re] *f*
water *n* ujë [*oo*·yuh] *m*
welcome mirë se erdhët [*mee*·ruh se *er*·<u>th</u>uht]
well *adv* mirë [*mee*·ruh]
what ç' [ch'], çfarë [*chfa*·ruh]
when kur [koor]
where ku [koo]
whereas kurse [koor·*se*]
why pse [pse]
wine verë [*ve*·ruh] *f*
winter dimër [*dee*·muhr] *m*
with me [me]
withdraw tërheq [tuhr·*hechy*]
without pa [pa]
wood dru [droo] *m*
wool lesh [lesh] *m*
work *n* punë [*poo*·nuh] *f*; *v* punoj [poo·*noy*]
wrist kyç (i dorës) [küch ee *do*·ruhs] *m*
write shkruaj [*shkroo*·ay]

Y

year vit [veet] *m*
yes po [po]
yesterday dje [dye]
yogurt kos [kos] *m*
you ti [tee] *inform*, ju [yoo] *form*, *pl*
your juaj [*yoo*·ay] *form*

Z

zoo kopsht zoologjik [kopsht zo·o·lo·*dyeek*] *m*
zucchini kungull [*koon*·gooll] *m*

AUDIO TRACK LISTS

Audio files available at:
http://www.hippocrenebooks.com/beginners-online-audio.html

Folder 1

1. Copyright
2. Albanian Vowels
3. Albanian Consonants
4. Lesson 1: Dialogue 1.1
5. Lesson 1: Dialogue 1.1–Repetition
6. Lesson 1: Numbers 0-10
7. Lesson 1: Exercise 1.4
8. Lesson 2: Dialogue 2.1
9. Lesson 2: Dialogue 2.1–Repetition
10. Lesson 2: Numbers 11-20
11. Lesson 2: Exercise 2.3
12. Lesson 3: Dialogue 3.1
13. Lesson 3: Dialogue 3.1–Repetition
14. Lesson 3: Number 21-30
15. Lesson 4: Dialogue 4.1
16. Lesson 4: Dialogue 4.1–Repetition
17. Lesson 4: Household Chores
18. Lesson 4: Weekday Activities
19. Lesson 4: Numbers 10-100 (by tens)
20. Lesson 4: Days of the Week
21. Lesson 4: Exercise 4.4
22. Lesson 5: Dialogue 5.1
23. Lesson 5: Dialogue 5.1–Repetition
24. Lesson 5: At a Restaurant
25. Lesson 5: Dialogue 5.2
26. Lesson 5: Dialogue 5.2–Repetition
27. Lesson 5: Numbers 100-1000 (by hundreds)
28. Lesson 5: Exercise 5.3
29. Lesson 5: Exercise 5.4
30. Lesson 6: Dialogue 6.1
31. Lesson 6: Dialogue 6.1–Repetition
32. Lesson 6: Common Foods
33. Lesson 6: Numbers 20 and over
34. Lesson 6: Exercise 6.4
35. Lesson 7: Dialogue 7.1
36. Lesson 7: Dialogue 7.1–Repetition

37: Lesson 7: Cooking Terms

38: Lesson 7: Dialogue 7.2
39. Lesson 7: Dialogue 7.2–Repetition
40. Lesson 7: Exercise 7.4

Folder 2

1. Lesson 8: Dialogue 8.1
2. Lesson 8: Dialogue 8.1–Repetition
3. Lesson 8: Seasons of the Year
4. Lesson 8: Months of the Year
5. Lesson 8: Exercise 8.1
6. Lesson 8: Dialogue 8.2
7. Lesson 8: Dialogue 8.2–Repetition
8. Lesson 8: Exercise 8.3
9. Lesson 9: Dialogue 9.1
10. Lesson 9: Dialogue 9.1–Repetition
11. Lesson 9: Exercise 9.1
12. Lesson 9: Dialogue 9.2
13. Lesson 9: Dialogue 9.2–Repetition
14. Lesson 9: Exercise 9.3
15. Lesson 10: Dialogue 10.1
16. Lesson 10: Dialogue 10.1–Repetition
17. Lesson 10: Exercise 10.1
18. Lesson 10: Dialogue 10.2
19. Lesson 10: Dialogue 10.2–Repetition
20. Lesson 10: Shopping Terms
21. Lesson 10: Exercise 10.3
22. Lesson 11: Dialogue 11.1
23. Lesson 11: Dialogue 11.1–Repetition
24. Lesson 11: Dialogue 11.2
25. Lesson 11: Dialogue 11.2–Repetition
26. Lesson 11: Parts of the Body
27. Lesson 11: Exercise 11.1
28. Lesson 11: Exercise 11.2
29. Lesson 12: Dialogue 12.1
30. Lesson 12: Dialogue 12.1–Repetition
31. Lesson 12: Exercise 12.1
32. Lesson 12: Dialogue 12.2
33. Lesson 12: Dialogue 12.2–Repetition
34. Lesson 13: Dialogue 13.1
35. Lesson 13: Exercise 13.3

Printed in the USA
CPSIA information can be obtained
at www.ICGtesting.com
JSHW012050231023
50697JS00017B/933